隋唐政權與政制史論

羅永生 著

目次

散論

政權篇

「普天之下，莫非王土」中國古代君主的世界觀——以隋煬帝為例*

引言

隋煬帝楊廣在位約十四年，有兩項較為特殊的舉措，值得我們關注。一是頻繁的巡幸天下，計凡四巡漠北、一出河西、三下江都。二是著意於對外交往發展，曾先後討吐谷渾，威懾突厥，三征高麗，經營林邑、結好赤土，招撫流求，通使委國，會盟西域，致書羅剎。此外，百濟、新羅、室韋、靺鞨、真臘、婆利、迦羅舍等國皆遣使來朝。而把這兩項舉措聯繫起來，或許能從之而窺見煬帝欲實踐其「宣揚風化」[1]、「混一戎夏」[2]、

---

* 本文發表於二〇一一年十一月十六日，香港樹仁大學、香港浸會大學合辦，「中國與世界」國際學術討會。

1 〔唐〕魏徵：《隋書》，卷三，〈煬帝紀上〉（北京：中華書局，一九七三），頁六十二。

2 《隋書》，卷六十七，〈裴矩傳〉，頁一五八〇。

「四夷率服」[3]的世界觀，而這種理念又跟《詩經》、《春秋左傳》、《孟子》等傳統儒家經典所載「普天之下，莫非王土」[4]的說法有所關連。

一、宣揚風化

《隋書》卷四〈煬帝下〉云：「東西遊幸，靡有定居」[5]，考煬帝在位期間，共進行了八次大規模的巡幸，作為大隋帝國的最高統治者，煬帝並不沉湎於宮闈生活，反而是年年巡幸，不顧路途艱辛，深入塞外荒涼不毛之地，又不避遠征塞外的風險，親臨國防前線，其原因除了鞏固國防，維護大一統帝國版圖的軍事意義外[6]，更重要的煬帝相信巡幸是有「作為中央政權強有力的標志，……，不僅是傳統社會以禮教萬民的治國要道，而且

3 《隋書》，卷四十一，〈蘇夔傳〉，頁一一九一。

4 按：《詩經．小雅．北山》作：「溥天之下，莫非王土」，而《春秋左傳》〈昭公七年〉及《孟子．萬章上》則作「普天之下，莫非王土」。

5 《隋書》，卷四，〈煬帝紀下〉，頁九十五。

6 就煬帝巡幸的軍事意義，可分別參看：何平立：〈隋煬帝巡狩政治軍事戰略析論〉，載《軍事歷史研究》，期一（二〇〇四年），頁九十二－九十八。閆廷亮：〈隋煬帝西巡河西述論〉，載《青海民族學院學報（社會科學版）》，第三十四卷第四期（二〇〇八年），頁五十八－六十三。李嶺：〈隋煬帝巡幸灰騰梁的原因與規模〉，載《集寧師專學報》，第三十二卷第二期（二〇一〇年），頁五十七－六十。

是封建皇帝標榜內聖外王理想政治」的教化致治意義。[7]若循這思路去探究或許會有助於我們進一步理解煬帝的世界觀思想。

大業元年（六〇五年），正月戊申，煬帝發八使巡省風俗，下詔曰：

以四海之遠，兆民之眾，未獲親臨，問其疾苦。每慮幽仄莫舉，冤屈不申，一物失所，乃傷和氣，萬方有罪，責在朕躬，所以寤寐增歎，而夕惕載懷者也。今既布政惟始，宜存寬大。可分遣使人，巡省方俗，宣揚風化，薦拔淹滯，申達幽枉。孝悌力田，給以優復。鰥寡孤獨不能自存者，量加振濟。義夫節婦，旌表門閭。高年之老，加其版授，並依別條，賜以粟帛。篤疾之徒，給侍丁者，雖有侍養之名，曾無賙贍之實，明加檢校，使得存養。若有名行顯著，操履修潔，及學業才能，一藝可取，咸宜訪採，將身入朝。所在州縣，以禮發遣。其有蠹政害人，不便於時者，使還之日，具錄奏聞。[8]

7 何平立：〈中國古代帝王巡狩與封建政治文化〉，載《社會科學》，第三期（二〇〇六年），頁一五五。

8 《隋書》，卷三，〈煬帝紀上〉，頁六十二—六十三。

煬帝雖未有「親臨問疾」，可是詔書中明確指出「巡省」目的是「宣揚風化，薦拔淹滯，申達幽枉。……」而這種思想正是先秦以來，儒者所尋求的王道仁政的理想境地。[9]一直以來，儒家提倡「為政不以禮，政不行矣」[10]、「禮者，君之大柄也」[11]，帝王治國之道在於「明德慎罰」[12]、「任德教而不任刑」[13]。故云儒者「所以助人君明教化者也」[14]。

9 有關孔子的仁政觀，可參張金鑑：《中國政治思想史》（臺北：三民書局，一九八九），頁四〇二—四〇三。而孟子的政治思想觀，可參同書，頁四五九—四六八。

10 荀子著、〔唐〕楊倞註：《荀子》，卷十九，〈大略〉，頁六，收入〔清〕紀昀等纂：《欽定四庫全書》，〈子部・儒家類〉。

11 〔明〕胡廣等撰：《禮記大全》，卷九，〈禮運〉，頁二十三，收入〔清〕紀昀等纂：《欽定四庫全書》，〈經部・禮類〉。

12 〔漢〕孔安國、〔唐〕孔穎達正義、黃懷信整理：《尚書正義》，卷十三，〈康誥〉（上海：上海古籍出版社，二〇〇七），頁五三二。

13 〔漢〕班固撰：《漢書》，卷六十五，〈董仲舒傳〉（北京：中華書局，一九七三），頁二五〇二。

14 《隋書》，卷三十四，〈經籍志・三〉，頁九九九。

而煬帝信奉儒家思想[15]，認為「化人成俗，王道斯貴」[16]，嘗言「君民建國，教學為先，移風易俗，必自茲始」[17]，又「博訪儒術」[18]，更親自「徵集儒官于東都，令國子祕書學士與之論難」[19]。大業元年，禮部侍郎許善心奏薦儒者徐文遠為國子博士，包愷、陸德明、褚徽、魯世達之輩並加品秩，授為學官。[20]這批學者在儒學經典的成就為當世所頌，且看《舊唐書》的相關記載：

> 時人稱文遠之左氏、褚徽之禮、魯達之詩、陸德明之易，皆為一時之最。文遠所講釋，多立新義，先儒異論，皆定其是非，然後詰駁諸家，又出己意，博而且辨，聽

---

15 有關煬帝對儒學態度的研究，可參商愛玲、張鴻：〈隋煬帝「以民為本」、「天下為公」思想再析〉，載《天府新論》，第六期（二〇〇九年），頁一三〇－一三三。胡戟：《隋煬帝新傳》（上海：上海人民出版社，一九九五），頁三十一－三十五。A.F. Wright, *The Sui Dynasty* (New York: Alfred A. Knopf. Inc., 1978) Chapter 8, *The Dynasty at Its Height*, p172-181. 惟學者周鼎初卻持反對看法，見〈隋煬帝的暴政是其對儒家思想的徹底背叛〉，載《江漢論壇》，第六期（一九九五年），頁四十一－四十三。

16 《隋書》，卷四，〈煬帝紀下〉，頁八十三。

17 《隋書》，卷三，〈煬帝紀上〉，頁六十四。

18 《隋書》，卷三，〈煬帝紀上〉，頁六十九。

19 （後晉）劉昫等撰：《舊唐書》，卷七十三，〈孔穎達傳〉（北京：中華書局，一九七三），頁二六〇一。

20 參《隋書》，卷五十八，〈許善心傳〉，頁一四二七。

者忘倦。[21]

在煬帝的倡導下，演講儒家經典的活動空前盛行。儒學思想已成為煬帝治國理念的重要依據。[22]故煬帝發使巡省風俗，正是他欲標榜政通人和，倡導勤政親民，體恤蒼生黎元，敦行禮樂教化的開始。同年三月，煬帝南巡淮海，即身體力行實踐其帝王巡幸乃王道仁政的理念。大業三年（六〇七年）四月庚辰，煬帝又派官員巡省河北一帶，並下詔重申「觀風問俗」的重要，所謂：

> 古者帝王觀風問俗，皆所以憂勤兆庶，安集遐荒。自蕃夷內附，未遑親撫，山東經亂，須加存恤。今欲安輯河北，巡省趙、魏。所司依式。[23]

正是言猶在耳，不過數日之後，煬帝又於四月甲午再次下詔談及「宣揚風化」有益治道的

---

21 《舊唐書》，卷一百八十九上，〈徐文遠傳〉，頁四九四三。

22 就煬帝推崇儒家思想的論述，可參袁剛：《隋煬帝傳》（北京：人民出版社，二〇〇一），頁三五一－三五八。

23 《隋書》，卷三，〈煬帝紀上〉，頁六十七。

看法，其云：

孝悌有聞，人倫之本，德行敦厚，立身之基。或節義可稱，或操履清潔，所以激貪厲俗，有益風化。強毅正直，執憲不撓，學業優敏，文才美秀，並為廊廟之用，實乃瑚璉之資。才堪將略，則拔之以禦侮，膂力驍壯，則任之以爪牙。爰及一藝可取，亦宜採錄，眾善畢舉，與時無棄。以此求治，庶幾非遠。[24]

可見煬帝深信巡幸天下，是致治的要道。故當他發現南朝諸帝罕有巡狩之時，便問給事郎蔡徵：

（煬帝問）「自古天子有巡狩之禮，而江東諸帝多傅脂粉，坐深宮，不與百姓相見，此何理也？」（徵）對曰：「此其所以不能長世也。」[25]

24 《隋書》，卷三，〈煬帝紀上〉，頁六十八。
25 〔宋〕司馬光：《資治通鑑》，卷一百八十一，〈大業五年〉（北京：中華書局，一九八六），頁五六四四。

煬帝把巡幸視為達致長治久安的重要途徑，這正是他樂此不疲，年年巡幸，足跡遍及漠北、河西、江都、遼左等地的重要原因之一。

二、混一戎夏

隋煬帝在對待周邊民族的關係上，除非必要的軍事征討外，仍一直堅持以「德化」為先，希望達致其「混一戎夏」的理想。[26] 大業三年春，煬帝從大興出發，經雁門、馬邑，六月到達榆林郡。期間突厥啟民可汗先後派其兒子拓特勤和侄毗黎伽特勤入朝謹見，而自己則召集突厥所部和韋室、奚、霫等部酋長齊集突厥牙帳恭候聖駕。同時，還組織突厥部民修築了一條自榆林達於突厥牙帳再到涿郡的「御道」，以奉迎煬帝車駕的到來。[27] 煬帝抵榆林後，蓋搭臨時可容納過千人的行宮，大宴啟民可汗及其部眾三千人，賜物二十萬段，並奏「百戲」，以示撫慰。[28] 啟民可汗為表臣服之心，上表請求：

---

26 參劉德初、韓隆福：〈論隋煬帝的民族政策及影響〉，載《湖南文理學院學報（社會科學版）》，第三期（二〇〇六年），頁一〇八－一一一。又韓隆福：《隋煬帝評傳》（武漢：武漢大學出版社，一九九二），頁一五一－一五三，所述略同。

27 見《隋書》，卷三，〈煬帝紀上〉，頁六十八－七十八。

28 參《隋書》，卷八十四，〈北狄・突厥傳〉，頁一八七四－一八七五。

臣今非是舊日邊地突厥可汗，臣即是至尊臣民，至尊憐臣時，乞依大國服飾法用，一同華夏。臣今率部落，敢以上聞伏願天慈不違所請。[29]

雖然，啟民可汗的請求，最終因煬帝出於國防考慮而不獲批准[30]，但我們仍然可以從突厥可汗主動提出「服飾法用，一同華夏」的請求這一點來看，多少反映出煬帝所推行的「德化」政策或許已經發揮作用。為進一步實現「混一戎夏」的理想，煬帝還分別以「和親政策」、「廣開互市」等策略來消除華夷隔閡。

在「和親政策」方面，煬帝繼續沿用文帝時的和親政策，以宗室女配與外族酋長，以維繫華夷關係與促進民族混同。分別於大業八年（六一二年）十一月，「以宗女華容公主嫁于高昌王」[31]，和大業十年（六一四年）正月「以宗女為信義公主，嫁於突厥曷娑那可汗」[32]。從民族學的角度而言，異族婚姻是原始民族融合的重要內容。對中原王朝而言，

29 《隋書》，卷八十四，〈北狄·突厥傳〉，頁一八七四。
30 參張文生：〈突厥啟民可汗、隋煬帝與內蒙古〉，載《內蒙古師大學報（哲學社會科學版）》，期五（二〇〇〇年），頁七十九－八十四。
31 《隋書》，卷四，〈煬帝紀下〉，頁八十三。
32 見《隋書》，卷三，〈煬帝紀上〉，頁八十六。

和親政策往往被視作是解決民族緊張關係的一項重要措施，最終甚至成為民族融合的重要組成部份。[33]隋代「和親政策」是西漢以來中原王朝同周邊民族「和親政策」的發展。[34]如果說西漢的王昭君出塞嫁匈奴單于為妻，使和親在民族關係方面走上正軌，唐朝文成公主下嫁吐蕃贊干布，把和親政策推向高峰，這樣隋代的「和親政策」既是對漢代至魏晉南北朝民族大融合「和親」政策的總結，又是唐代「和親」政策的前奏，具有繼往開來的意義。[35]可見即使國家開始走下坡的時候，煬帝仍認為「和親」能發揮重要的政治作用。

在廣開互市方面，煬帝即位後，為解決邊疆與中原內地間不斷增長的貿易需求，尤其是河西地區異常活躍的民間貿易情況。[36]於大業三年，派遣吏部侍郎裴矩「往張掖，監諸商胡互市。啖之以利，勸令入朝往。」[37]主持隋朝與西域諸國商業貿易事宜。所謂「西域諸蕃，多至張掖，與中國交市。」[38]當時的張掖，是西域諸國與中原內地進行貿易的一個

33 詳參崔明德、馬曉麗：《隋唐民族關係史》（北京：人民出版社，二〇一〇）。
34 詳參崔明德：《中國古代和親史》（北京：人民出版社，二〇〇五）。
35 詳參崔明德：《漢唐和親史稿》（青島：海洋大學出版社，一九九二）。
36 參李明偉：《絲綢之路與西北經濟社會研究》（蘭州：甘肅人民出版社，一九九二）。
37 《隋書》，卷二十四，〈食貨志〉，頁六八七。
38 《隋書》，卷六十七，〈裴矩傳〉，頁一五七八。

重要城市，每天俱有無數胡商到此貿易。裴矩到任後，傾力結交各地客商，採取「啖之以利，勸令入朝」的方針，以優惠政策鼓勵西域胡商與朝廷直接貿易交往。結果雖然是「西域諸蕃，往來相繼，所經州郡，疲於送迎，糜費以萬萬計。」[39]朝廷付出了相當的經濟代價，但在政治穩定與民族融和上卻取得了一定的成就。據《隋書》卷六十七〈裴矩傳〉所載：

竟破吐谷渾，拓地數千里，並遣兵戍之。每歲委輸巨億萬計，諸蕃懾懼，朝貢相續。……其冬，帝至東都，矩以蠻夷朝貢者多，諷帝令都下大戲。徵四方奇技異藝，陳於端門街，衣錦綺、珥金翠者，以十數萬。又勒百官及民士女列坐棚閣而縱觀焉。皆被服鮮麗，終月乃罷。又令三市店肆皆設帷帳，盛列酒食，遣掌蕃率蠻夷與民貿易，所至之處，悉令邀延就坐，醉飽而散。蠻夷嗟歎，謂中國為神仙。[40]

39 《隋書》，卷二十四，〈食貨志〉，頁六八七。

40 《隋書》，卷六十七，〈裴矩傳〉，頁一五八〇—一五八一。又《資治通鑑》，卷一百八十一，〈煬帝大業六年正月〉條，頁五六四九，所載略同，其云：「諸蕃請入豐都市交易，帝許之。……胡客或過酒食店，悉令邀延就坐，醉飽而散，不取其值，紿之曰：『中國豐饒，酒食例不取值。』胡客皆驚歎。」

明顯裴矩開拓河西互市貿易的政治效果是加強了蠻夷對中原王朝的傾慕，促進了華夷的交往與融和。其實，煬帝並非僅關注於河西地區廣開互市，隋朝在與北方和東北諸族的互市貿易亦相當活躍，並於鴻臚寺典蕃署內，特置「使者」以專掌四方蕃夷互市之事。據《隋書》卷二十八〈百官志下〉所載：

> 鴻臚寺改典客署為典蕃署。初煬帝置四方館於建國門外，以待四方使者，後罷之，有事則置，名隸鴻臚寺，量事繁簡，臨時損益。東方曰東夷使者，南方曰南蠻使者，西方曰西戎使者，北方曰北狄使者，各一人，掌其方國及互市事。[41]

雖然隋朝與河西以外地區貿易的記載，《隋書》只保留了數條關於文帝開皇年間的資料，如：開皇八年（五八八年）突厥可汗酋長「相率遣使貢馬萬匹，羊二萬口，駝、牛各五百頭。尋遣使請緣邊置市，中國貿易」，文帝詔許之。[42]幽州總管陰壽設「交市」與突厥酋長進行珠寶貿易，數額竟達八百萬之鉅。[43]管州總管韋藝，「大治產業，與北夷貿

41 《隋書》，卷二十八，〈百官志下〉，頁七九八。
42 《隋書》，卷八十四，〈突厥傳〉，頁一八七一。
43 《隋書》，卷三十六，〈獨孤皇后傳〉，頁一一〇八。

易，家資鉅萬，頗為清論所議。」[44]可惜的是有關煬帝時與河西以外地區貿易的記載相對缺乏，但我們有理由相信，基於煬帝採取更開放的邊疆互市政策，則全國的華夷互市貿易的發展，大底只會較之文帝開皇時期更為繁榮，則華夷的交往與融和，亦只會更為活躍和深刻。

三、四夷率服

煬帝即位後不久，透過延續文帝時對突厥的分化瓦解政策，終於使來自漠北突厥的威脅解除。[45]加上天下經歷了「開皇之治」的發展，國力大增。煬帝認為大隋王朝已具備經略天下，四夷率服所需的種種條件。先是大業三年，負責隋朝與河西、西域等國互市貿易的裴矩，了解到煬帝「方勤遠略」的意圖，乃以其職位之便，撰《西域圖經》三卷，呈獻煬帝。雖然《西域圖經》一書早已散佚，但《隋書》卷六十七〈裴矩傳〉卻保存了原書序文，讓後人能粗略了解其大體內容歸旨，該書主要是介紹西域四十四國的山川河流、民俗

44 《隋書》，卷四十七，〈韋藝傳〉，頁一二六九。

45 詳參劉健明：《隋代政治與對外政策》（臺北：文津出版社，一九九九）。

風土，交通要道，以致裴矩本人對經略西域的具體建議等。[46]據《隋書》所述，煬帝讀了《西域圖經》後，大表讚許，除賞賜有加外，更「每日引矩至御坐，親問西方之事。矩盛言胡中多諸寶物，吐谷渾易可并吞。帝由是甘心，將通西域，四夷經略」。[47]有關煬帝如何以軍事力量征服吐谷渾，及如何控制中原與西域的交通咽喉等歷史經過，前輩學者已有詳細的論述，今不重複。[48]現集中論述煬帝以款宴、朝貢、遣使貢物等方式，達致四夷率服的歷史。

《隋書》記載了煬帝曾經兩次大型款宴四方蠻夷的活動，並視之為大隋帝國率服四夷之莫大盛事。第一次發生在大業五年（六〇九年），煬帝平定吐谷渾後，「高昌王麴伯雅來朝，伊吾吐屯設等獻西域數千里之地。……上御觀風行殿，盛陳文物，奏九部樂，設魚龍曼延，宴高昌王、吐屯設於殿上，以寵異之。其蠻夷陪列者三十餘國。」[49]第二次在

46 詳參《隋書》，卷六十七，〈裴矩傳〉，頁一五七八—一五九〇。

47 《隋書》，卷六十七，〈裴矩傳〉，頁一五九〇。

48 關於煬帝征服吐谷渾、經營西域等成就，學界數種關於隋煬帝研究的專著俱有所論述，可分別參：韓隆福：《隋煬帝評傳》（武昌：武漢大學出版社，一九九二）、郭志坤：《隋煬帝大傳》（蘇州：蘇州大學出版社，一九九五）、胡戟：《隋煬帝新傳》（上海：上海人民出版社，一九九五）及袁剛：《隋煬帝傳》（北京：人民出版社，二〇〇一）等有關章節。

49 《隋書》，卷三，〈煬帝紀上〉，頁七十三。

大業十一年（六一五年），煬帝三征高麗之後，「突厥、新羅、靺鞨、畢大辭、訶咄、傳越、烏那曷、波臘、吐火羅、俱慮建、忽論、靺鞨、訶多、沛汗、龜茲、疏勒、于闐、安國、曹國、何國、穆國、畢、衣密、失范延、伽折、契丹等國並遣使朝貢。……大會蠻夷，設魚龍曼延之樂，頒賜各有差。」[50]

參與這兩次大型款宴的國家多達三、四十個。其中第一次款宴，煬帝更派大臣閻毗「持節迎勞」[51]，以威嚴典雅的中華禮儀作盛情的接待。煬帝於觀風行殿內，大陳中原文物，讓與會的外國君長、使臣大開眼界。接著又大奏九部樂，設魚龍曼延，排場浩瀚壯觀，熱鬧非凡。宴後，煬帝又分別賞賜各國使臣，使之受寵若驚，感恩戴德不盡。而第二次款宴時，雖已經是煬帝統治臨近崩潰的大業末年，但其排場陳設，仍相當講究，堪比大業盛世無異。這樣煬帝便能不用武力，或是少用武力，以大陳中華文物來威服四夷，通過精彩的歌舞百戲展示中原文化的無窮魅力，營造出富庶無比，萬方同樂的氣氛，使來自荒漠的夷狄驚嘆不已。豔羨之餘，自然不自覺地傾向大隋帝國，這樣煬帝可以不用大舉用兵，便達致四夷率服的境地。

---

50 《隋書》，卷四，〈煬帝紀下〉，頁八十八。

51 《隋書》，卷六十八，〈閻毗傳〉，頁一五九五。

至於大業年間，個別周邊國家朝貢的情況，有下列記錄：

一、「三年（即大業三年，下同）……（百濟王余）璋，遣使者文燕文進朝貢……十年，復遣使朝貢」[52]；

二、「（七年二月）……百濟遣使朝貢」[53]；

三、「（新羅）大業以來，歲遣朝貢」[54]；

四、「三年，（倭國）其王多利思比孤遣使朝貢」[55]；

五、「南蠻雜類，與華人錯居，曰蜒，曰獽，曰俚，曰獠……。大業中，南荒朝貢者十餘國」[56]；

六、「林邑……（大業年間）遣使謝罪，於是朝貢不絕」[57]；

52 《隋書》，卷八十一，〈東夷・百濟〉，頁一八一九。
53 《隋書》，卷三，〈煬帝紀上〉，頁七十五。
54 《隋書》，卷八十一，〈東夷・新羅〉，頁一八二一。
55 《隋書》，卷八十一，〈東夷・倭國〉，頁一八二七。
56 《隋書》，卷八十二，〈南蠻〉，頁一八三一。
57 《隋書》，卷八十二，〈南蠻・林邑〉，頁一八三三。

七、「（婆利）大業十二年遣使朝貢」[58]；

八、「（石國）大業五年遣使朝貢」[59]；

九、「（于闐）大業中，頻遣使朝貢」[60]；

十、「（吐火羅國）大業中，遣使朝貢」[61]；

十一、「大業四年，（附國）其王遣使素福等八人入朝。明年，又遣其弟子宜林率嘉良夷六十人朝貢」[62]。

而遣使貢方物的記錄則有：

一、「十二年，……真臘國遣使貢方物」[63]；

58 《隋書》，卷八十二，〈南蠻・婆利〉，頁一八三八。

59 《隋書》，卷八十三，〈西域・石國〉，頁一八五〇。

60 《隋書》，卷八十三，〈西域・于闐〉，頁一八五二。

61 《隋書》，卷八十三，〈西域・吐火羅〉，頁一八五三。

62 《隋書》，卷八十三，〈西域・附國〉，頁一八五九。

63 《隋書》，卷四，〈煬帝紀下〉，頁九十。

二、「四年三月，百濟、倭、赤土、迦羅舍國並遣使貢方物」[64]；

三、「六年春正月，……倭國遣使貢方物，……六月……室韋、赤土並遣使貢方物」[65]；

四、「十年七月，……曹國遣使貢方物」[66]；

五、「大業中，（康國）始遣使貢方物」[67]；

六、「大業中，（焉耆）遣使貢方物」[68]；

七、「大業中，（龜茲）遣使貢方物」[69]；

八、「大業中，（疏勒）遣使貢方物」[70]；

九、「大業中，（鏺汗）遣使貢方物」[71]；

64 《隋書》，卷三，〈煬帝紀上〉，頁七十。
65 《隋書》，卷三，〈煬帝紀上〉，頁七十四。
66 《隋書》，卷四，〈煬帝紀下〉，頁八十七。
67 《隋書》，卷八十三，〈西域・康國〉，頁一八四九。
68 《隋書》，卷八十三，〈西域・焉耆〉，頁一八五一。
69 《隋書》，卷八十三，〈西域・龜茲〉，頁一八五二。
70 《隋書》，卷八十三，〈西域・疏勒〉，頁一八五二。
71 《隋書》，卷八十三，〈西域・鏺汗〉，頁一八五三。

十、「大業中，（挹怛）遣使貢方物」[72]；
十一、「大業中，（史國）遣使貢方物」[73]；
十二、「大業中，（何國）遣使貢方物」[74]；
十三、「大業中，（烏那曷）遣使貢方物」[75]；
十四、「大業中，（穆國）遣使貢方物」[76]；
十五、「大業中，（漕國）遣使貢方物」[77]；
十六、「大業三年，（鐵勒）遣使貢方物」[78]；
十七、「大業時，（奚）歲遣使貢方物」[79]。

72 《隋書》，卷八十三，〈西域・挹怛〉，頁一八五四。
73 《隋書》，卷八十三，〈西域・史國〉，頁一八五五。
74 《隋書》，卷八十三，〈西域・何國〉，頁一八五五。
75 《隋書》，卷八十三，〈西域・烏那曷〉，頁一八五六。
76 《隋書》，卷八十三，〈西域・穆國〉，頁一八五六。
77 《隋書》，卷八十三，〈西域・漕國〉，頁一八五七。
78 《隋書》，卷八十四，〈北狄・鐵勒〉，頁一八八〇。
79 《隋書》，卷八十四，〈北狄・奚〉，頁一八八一。

有謂隨著煬帝在西域設置了西海、河源、鄯善、且末等郡[80]，控制了整個西域之後，再加上政策運用適宜，逼使稱雄漠北多時的突厥兩代可汗，即啟民可汗與處羅可汗俱來朝歸降，煬帝獲得「聖人可汗」的尊稱[81]，成為號令四夷之主。於是來自東亞和東北亞的百濟、新羅、室韋、契丹、倭國等國；來自南亞的真臘、赤土、婆利、迦羅舍等十餘國；來自西域、中亞的于闐、疏勒、龜茲、焉耆、高昌、伊吾、石國、曹國、吐火羅國、附國、康國、鏺汗、挹怛、史國、何國、烏那曷、穆國、漕國等數十國；自來北亞的突厥、鐵勒、奚等國，分別以朝貢或遣使貢方物的形式入朝稱臣，成為中原隋楊王朝的臣屬。煬帝在位短短數年間，便實現了其「四夷率服」的世界觀，故而能出壯語曰：「今四海既清，與一家無異」[82]。

80 參吳玉貴前揭書第三章〈煬帝時代隋朝對西域的經營〉，頁一一四至一四六。
81 《隋書》卷八十四〈北狄・突厥〉，頁一八七三、一八七九。
82 《隋書》卷八十四〈北狄・西突厥〉，頁一八七九。

四、小結

《隋書》卷八十一〈東夷傳・史臣曰〉稱煬帝為「**志包宇宙**」[83]，同書卷八十二〈南蠻傳・史臣曰〉繼稱之為「**威振殊俗，過於秦、漢遠矣。**」[84]據此足見唐代史官視煬帝為有志於經略天下，並已取得超越秦漢以來諸帝的成就。昔日文帝賜璽書高麗國君高湯之時，且有壯語云：「**普天之下，皆為朕臣。**」[85]，以煬帝之性格，其欲超越父親的心態，實不言而喻。故煬帝以「普天之下，莫非王土」為其「世界觀」，亦自然在情理之內，而唐代史官的評論實確有所依。

83 《隋書》，卷八十一，〈東夷〉，頁一八二八。
84 《隋書》，卷八十四，〈南蠻〉，頁一八三八。
85 《隋書》，卷八十一，〈東夷・高麗〉，頁一八一五。

從「玄武門之變」看貞觀政權的形成*

一、前言

唐太宗貞觀政權的形成，是唐初歷史發展中的一件大事，並在一定程度上鞏固了李唐王朝，奠定了貞觀之治的功績。然而唐太宗如何組建其政權？能否聯繫到以「玄武門之變」為表徵的皇位繼承爭奪問題上？簡言之，太宗政權的組成，與「玄武門之變」存在何種關係，這正是本文探討的問題所在。

本文嘗試在前人的研究基礎上，進一步探研太宗如何在玄武門之變後建立其政權的架構。另外，本文以貞觀四年為研究初步時限，因為這時政局已趨穩定，太宗開始大規模委

* 本文原刊香港城市大學中國文化中心主編，《九州學林》，第三卷第四期（二〇〇五年），頁五十八－八十三。

任中央官員，形成其政權的雛型，而「玄武門之變」對太宗政權形成的影響亦大體終止。

二、「玄武門之變」與貞觀統治集團基本架構的形成

本文所指「玄武門之變」乃一概括說法，實際上泛指以事變發生前後的一段特定時期，即從武德年間皇位繼承爭奪開始，至貞觀四年（六三一年）太宗全面掌握政局定為止。而並非僅指「（武德）九年，皇太子建成、齊王元吉謀害太宗。六月四日，太宗率長孫無忌、尉遲敬德、房玄齡、杜如晦、宇文士及、高士廉、侯君集……等於玄武門誅之」一事。[1]「事變」乃太宗政治生涯的轉捩點，然而太宗早年的經營乃構成日後貞觀政權的基本型態，故須對「事變」前後，內外形勢變化進行分析探討。本節探討玄武門之變對太宗政權的形成發揮何種作用，藉以說明貞觀政權的架構組成是與當時外在環境變化及太宗主觀考慮有密切關係。

[1] 〔後晉〕劉昫等撰：《舊唐書》，卷二，〈太宗紀上〉（北京：中華書局，一九七五），頁二十九。

甲、事變前後的外在形勢改變

（一）招攬山東豪傑以抗衡東宮勢力

由於太子建成早居儲位，加上高祖的積極栽培，東宮在京師長安勢力之龐大，絕非秦王府所能比擬。[2]秦王李世民為謀奪嫡，招攬山東豪傑似是必然的出路。汪籛在〈唐太宗〉一文曾深入分析建成的優勢為：第一，外廷大臣中，包括高祖最寵信的大臣裴寂及封德彝都支持建成。第二，建成長居京師，與高祖後宮有所交往，並成功收買張婕妤和尹德妃。第三，長安城內建長有東宮兵及私養精兵，並招募二千人為東宮府長林兵。再加上元吉的齊王府兵，比世民的秦王府兵還多。第四，建成拉攏地方勢力的支持，如幽州的羅藝，並在河北發展其勢力。第五，重金收買世民手下，包括尉遲敬德和段志玄等人，並設計把房、杜二人逐出秦王府。雖然收買行動不成功，但建成佔有絕對優勢是可以肯定的。[3]基此世民欲在京師招攬新力量的機會似不太可能。結果是世民「陰結納山東豪

2 參傅樂成：〈玄武門事變之醞釀〉，載氏著：《漢唐史論集》（臺北：聯經出版事業公司，一九八六），頁一四三—一五四。

3 汪籛：〈唐太宗〉，載唐長孺、吳宗國等編：《汪籛隋唐史論稿》（北京：中國社會科學出版社，一九八

傑」[4]，以抗衡東宮勢力。

在平定王世充、竇建德、劉黑闥事件中，建成與世民一方面爭取人才，另一方面又爭立軍功，以便得到高祖的信任。李樹桐教授在〈初唐帝室間相互關係的演變〉中認為這是「發展實力的競賽」[5]。二人爭相招攬的「山東豪傑」與傳統的「山東士族」是截然不同的新社會階層。陳寅恪先生在〈論隋末唐初所謂「山東豪傑」〉[6]和〈記唐代之李武韋楊婚姻集團〉[7]二文中論證如徐世勣（即李勣）等人具有胡族血統。據袁英光先生分析山東豪傑成員泰半出生於冀、定、瀛、相、濟、青、徐等州，俱為昔日北魏屯兵營戶之地。[8]著名歷史地理學家史念海先生在〈唐代前期關東地區尚武風氣的溯源〉一文中，指出自西

一），頁九十二。

4 〔宋〕司馬光等撰：《資治通鑑》，卷一百九十一，〈唐紀七〉（北京：中華書局，一九五六），頁六〇〇四。

5 李樹桐：〈唐初帝室間相互關係的演變〉，載氏著：《唐史考辨》（臺北：中華書局，一九八五），頁一三一。

6 陳寅恪：〈論隋末唐初所謂「山東豪傑」〉，載氏著：《金明館叢稿初編》（上海：上海古籍出版社，一九八〇），頁二一七－二三六。

7 陳寅恪：〈記唐代之李武韋楊婚姻集團〉，載氏著：《金明館叢稿初編》（上海：上海古籍出版社，一九八〇），頁二三七－二六三。

8 袁英光：〈陳寅恪對隋唐史的貢獻〉，載《歷史研究》，第六期（一九八八年），頁四十九－五十七。

晉末年永嘉之亂以來的長期戰亂，山東地區人口中已漸混雜了不少胡族血族。秦漢以來的「關東出相，關西出將」情況發生變化，山東地區不再只出相材，還漸有武將。[9]因此，「山東豪傑」對世民成功爭奪帝位起了相當的作用。政變之前，由於建成儲位早定，因而獲得部份關隴舊臣、武將的支持，如左領軍大都督長史唐憲。世民要招攬武將，大概只能向關東武將入手。世民乃派遣張亮前往洛陽「陰引山東豪傑以俟變」[10]。而事變之前，世民曾問計於李靖和徐世勣，這由於秦王府所能招集的宿將兵力，泰半掌於二人手上，故須探知二人之意如何，方能謀劃大事。更關鍵的是世民成功賄賂玄武門守將，出身山東豪傑的常何，方能成功發動殺兄逼父的奪權政變。[11]

（二）秦王府文學館二十學士的貢獻

李淵的統治基礎是關隴集團，這承繼宇文泰關中本位政策發展下來的。至世民，卻一改關中本位之傳統，大量吸納非關隴勢力的山東、江南人士。早在武德四年（六二一

9 參史念海：〈唐代前期關東地區尚武風氣的溯源〉，載中國唐史研究會編：《唐史研究會論文集》（西安：陝西人民出版社，一九八三），頁一六八。

10 《舊唐書》，卷六十九，〈張亮傳〉，頁二五一五。

11 詳參黃永年：《六至九世紀中國政治史》，第四章第四節，〈玄武門之變揭秘〉（上海：上海書店，二〇〇四），頁一四〇—一五二。

年），世民已在秦王府內開設文學館，正如《舊唐書・太宗紀上》中謂「于時內漸平，太宗乃銳意經籍開文學館以待四方之士。」[12]然而，當時全國仍有很多反對勢力。太宗的用意，實際上是建立為其出謀劃策的智囊組織。文學館共二十學士[13]，分別是房玄齡、杜如晦、杜淹、于志寧、蘇世長、薛收、褚亮、姚思廉、陸德明、孔穎達、李玄道、李守素、虞世南、蔡允恭、顏相時、許敬宗、蓋文達、蘇勖、劉孝孫。

太宗建立文學館，除了為抗衡建成勢力外，亦與當時的社會環境有關。唐初社會存在著極大的地區矛盾，山東地區人口達四百六十萬戶，佔當時全國九百萬戶的一半之上。[14]在政治上，山東地區又是魏晉南北朝以來門閥士族強盛地，數來均出名相之才。另一方面，江南地區自六朝以來，便是「良疇美柘，畦畎相望」的富庶之地。這裏人才薈萃，更被視為華夏正統的優良文化所在並孕育了一批高質素的知識份子。然而西魏、北周以來逐漸形成的關中本位政策，有抗拒山東、江南地區的政治力量的特質。發展至李唐政權的開創者李淵時，仍有繼承這特質的傾向，並以關隴集團為其統治基礎。由於建成儲位早定，

---

12 《舊唐書》，卷二，〈太宗紀上〉，頁二十八。

13 據李湜：〈唐太宗與東南文人〉一文，考證出在文學館存在的近五年中，共吸納了二十名學士，而非通常史書中所說的「十八學士」。載《中國史研究》，第二期（一九九七年），頁九五－一〇六。

14 參汪籛：〈隋代戶數的增長〉，載唐長孺、吳宗國等編：《汪籛隋唐史論稿》，頁三十八。

故文學館的開設，對世民而言是抗衡太子建成勢力的另一出路。對長期遭抑制的山東、江南人而言，這可視為躍入李唐政治集團，發揮才華的大好機會。因此，他們幫助世民奪謀，亦可視為為山東、江南人，在往後的李唐新統治中，爭取出一條晉升之路。因為，在他們眼中太宗是真正賞識他們的才能，在建成與世民兩位皇位候選人中，他們選擇了世民。

文學館成立後，世民大規模招攬人才。除了派張亮招攬山東豪傑外，在平王世充、竇建德以後，他引用的新人中，包括虞世南、李玄道、蔡允恭、李守素、陸德明、孔穎達、杜淹為文學館學士，另收戴冑為秦王府士曹參、劉師立為左親衛。[15]其中劉師立「當誅，太宗惜其才，特免之」[16]。足證太宗求才若渴。而杜淹本屬關隴人士，但怕為建成所得，在房玄齡建議下引為部下。可見當時競爭人才之烈。《舊唐書・尉遲敬德傳》中，更詳述在玄武門之變前，秦王府謀劃政變的情況。[17]因此，玄武門之變後，大量文學館學士被提升，除了蘇世長、薛收、薛敬元、陸德明、蔡允恭、李玄道、李守素先後去世外，其他如房玄齡、杜如晦、杜淹、許敬宗亦進入太宗的統治政權之中。

---

15 李樹桐：〈唐初帝室間相互關係的演變〉，載氏著：《唐史考辨》，頁一三二－一三三。

16 《舊唐書》，卷五十七，〈劉文靜傳〉，頁二二九八。

17 參《舊唐書》，卷六十八，〈尉遲敬德傳〉，頁二四九五－二四九九。

（三）解決秦王東宮二府在政變後之矛盾

關於玄武門之變後，秦王府與東宮府僚屬之人事關係變化。汪籛在〈唐太宗〉一文中，分析在政變後，兩府屬僚起了莫大的心理變化，影響了與太宗原有之主僕關係。筆者認同汪籛氏所分析的政變後之矛盾，對日後太宗統治集團結構的形成，有莫大的重要性。

首先在玄武門之變後，山東地區政局不穩定。因為建成曾採納王珪、魏徵的建議，招攬山東豪傑，以獲取地方力量的支持。但建成、元吉被殺消息傳出後，「河北州縣素事隱、巢者不自安，往往曹伏思亂」[18]，先後有幽州都督李援、王君廓叛亂，加上太子餘黨逃至關東互相勾結，構成重大隱憂。若要解決山東，河北問題，必先整頓內部，解決二府在政變後的矛盾。

兩府的矛盾，根據汪籛的分析，秦王府屬僚是太宗死黨，太宗依靠他們奪得皇位，政權初建時，太宗也必須依靠這些功臣的支持以穩定局面。然而，功臣容易依仗其功勳和與太宗的親密關係，或會把太宗包圍起來，壟斷大權，把持政局，使太宗成為他們的傀儡，形成太宗與秦王府屬僚之間的包圍與反包圍的鬥爭。另一方面，秦王府屬僚對建成、元吉

---

18 〔宋〕歐陽修、宋祁撰：《新唐書》，卷九十七，〈魏徵傳〉（北京：中華書局，一九七五），頁三八六八。

餘黨，有強烈的敵對情緒。在政變後，「（秦王府）諸將欲盡誅建成、元吉左右百餘人，籍沒其家」[19]，可見功臣們害怕東宮府黨人被太宗重用，威脅其權勢與利益。

至於東宮府屬僚，原是太宗死敵。須注意的是，第一，他們反太宗，甚至要殺害太宗，不過是為了維護舊主的利益，並以此取得自身的政治前途。他們與太宗並無個人恩怨恨仇。在太宗看來這批東宮舊部只是「桀犬吠堯，各為其主」，是可理解的。免其一死，甚至重新擢用，會令其感恩圖報，而樂意為太宗效力。第二，在東宮府屬僚中，有些人與山東起義叛亂者，有著密切關係。可利用他們，迅速平定河北、山東局勢。第三，拔用他們，還有牽制秦王府屬僚作用，擺脫舊屬對太宗的包圍。第四，東宮府中有不少具政治、軍事才能的人才，拔用他們，對太宗治國理政，有莫大益處。第五，玄武門之變後，建成餘黨滿懷疑懼，受太宗拔用，會消除內部政治不穩的局面。[20]

因此，太宗即位後，立即組織其政權，把秦王府舊屬房玄齡、長孫無忌、杜如晦、杜淹擢升為相，又招攬東宮屬部魏徵、王珪為諫議大夫。魏、王二人，雖為諫官，卻有議政之職，並負責審駁職務，發揮制衡秦王府舊屬的效用。《舊唐書・王珪傳》云：

19 《資治通鑑》，卷一百九十一，〈唐紀七〉，頁六〇一二。
20 汪籛：〈唐太宗〉，頁九五—九六。

太宗稱善，敕自今後中書門下及三品以上入閣，必遣諫官隨之。（王）珪每推誠納忠，多所獻替，太宗顧待益厚。[21]

太宗更任魏徵為諫議大夫，兼門下封駁大權。簡言之，是以魏徵為首的東宮舊屬的山東勢力，抗衡以房玄齡為首的秦王府舊屬的山東地區勢力。又以王珪為首的東宮府江南勢力，抗衡以許敬宗為代表的秦王府江南勢力。然而由於江南人士力量比山東地區細，相對地其重要性亦較低。所以，太宗此舉用意在制衡以房、魏為代表的兩股山東勢力。太宗根據環境變化，製造出政權內部的二府舊屬互相抗衡之關係，使朝政不被任何一方所壟斷。

（四）緩和山東地區對李唐皇室的惡意

貞觀元年（六二七年），建成、元吉餘黨散播各地，包括一些中央及地方官員，造成地方上多次叛亂。矛盾最激烈和複雜卻是山東地區，若處理不當，會隨時動搖太宗的統

21 《舊唐書》，卷七十，〈王珪傳〉，頁二五二八。又見〔唐〕吳競：《貞觀政要》，卷三，〈任賢〉（上海：上海古籍出版社，一九七八），頁三十作：「太宗又嘗謂珪曰：『卿若常居諫官，朕必永無過失。』」而〔宋〕李昉等：《太平御覽》，卷二百二十三，〈職官二十一・諫議大夫〉（北京：中華書局，一九六〇），頁一〇六〇作：「王珪為諫議大夫，嘗有論諫，太宗稱善，遂詔每宰相入內平章大計，必使諫官隨入，與聞政事。」。

治。山東問題的複雜性，主要有三點：第一，山東地區是當時經濟最發達地區之一，但隋末唐初混戰令該區破壞嚴重，加速觸發他們起義動亂之心。第二，山東地區是隋末農民起義的主要地區，有強烈的抗爭性，如佔據山東的李密、竇建德等。而且，山東豪傑與李唐皇室之間，亦有著互不信任的緊張關係。第三，建成曾招攬部分山東豪傑，他的死訊曾觸發昔日支持東宮的地方勢力有叛亂之舉。[22]

太宗面對這股山東的反對勢力，若採取強硬態度剿滅，或會引發更大規模的亂事，倒不如加以安撫，招為已用，遂更加重用和提拔微族寒門人士，如小族之家魏微、無名望之微族張行成，以農為業的張亮、出身低微的戴冑和寒士馬周。他們皆與山東地區的社會土著勢力有密切關係，亦熟悉當地民間之情況，遂任用他們迅速解決山東地區的政治局勢。山東人士的政治地位，便在貞觀初年大為提升。除了是以往世民早已有重用山東人的原因外，此舉有著緩和山東人士對李唐皇室惡意的作用。而且政變後，太宗更加需要拔用山東人士，協助其治理國政之用。因此，在政變後四年之間，太宗拔用不少山東人士，可見以下例子：

22 《新唐書》，卷九十七，〈魏徵傳〉，頁九十四。

貞觀三年，詔百官言得失。（常）何，武人，不涉學，（馬）周為條二十餘事，皆當世所切。太宗怪問（常）何，何曰：「此非臣所能，家客馬周教臣言之。客，忠孝人也。」帝即召之，間未至，遣使者四輩敦趣。及謁見，與語，帝大悅，詔直門下省。[23]

（張行成）應制舉乙科，授雍州富平縣主簿，理有能名。秩滿，補殿中待御史，糾劾不避權戚，太宗以為能，謂房玄齡曰：「觀古今用人，必因媒介若，行成者，朕自舉之，無先容也。」[24]

貞觀初（高季輔）拜監察御史，彈治不避權要，累轉中書舍人，列上五事……書奏，太宗稱善，進授太子右庶子。數上書言得失，辭誠切至。帝賜鍾乳一劑，曰：「而進藥石之言，朕以藥石相報。」[25]

---

23 按《新唐書》，卷九十八，〈馬周傳〉，頁三八九五，作「貞觀五年」。今據《舊唐書》，卷七十四，〈馬周傳〉，頁二六一二、《資治通鑑》，卷一百九十三，〈唐紀九〉，頁六〇六四，改作「三年」。

24 《舊唐書》，卷七十八，〈張行成傳〉，頁二七〇三。

25 《新唐書》，卷一百〇四，〈高季輔傳〉，頁四〇一一。

杜如晦遺言，請以選舉委（戴）胄，由是檢校吏部尚書……帝嘗謂左右曰：「胄於我非肺腑親，然事之機切無不聞，惟其忠概所激耳。」[26]

房玄齡、李勣以（張）亮倜儻有智謀，薦之於太宗，引為秦府車騎將軍。漸蒙顧遇，委心以膂。……及建成死，授懷州總管，封長平郡公。貞觀五年，歷遷御史大夫，轉光祿卿，進封鄅國公，賜實封五百戶。[27]

太宗即位……始徵（溫）彥博還朝，授雍州治中，尋檢校吏部侍郎。……復拜中書侍郎，兼太子右庶子。貞觀二年，遷御史大夫，仍檢校中書侍郎事。[28]

貞觀二年（六二八年）十二月，溫彥博曾與王珪同諫關於祖孝孫教宮人音樂之事，可見其已受重用，至貞觀四年二月，以御史大夫溫彥博為中書令，參預朝政。[29]

---

26 《新唐書》，卷九十九，〈戴胄傳〉，頁三九一五—三九一六。
27 《舊唐書》，卷六十九，〈張亮傳〉，頁二五一五。
28 《舊唐書》，卷六十一，〈溫大雅傳〉，頁二三六一。
29 參《資治通鑑》，卷一百九十三，〈唐紀九〉，頁六〇七三。

由此可見，玄武門之變間接導致太宗拔用大量山東庶族。上述的張行成、馬周、張亮、高季輔、溫彥博、戴冑等六人，最後亦成為貞觀統治集團的一份子。

解決山東問題，最明顯莫過於派遣魏徵前往山東，緩和及宣慰山東人。魏徵是建成的主要謀臣，曾替建成聯結山東地方勢力，更與山東地區的社會勢力有著密切關係。太宗任用他，或有「解鈴還須繫鈴人」的用意。魏徵曾釋放建成舊屬李志安、李思行，為太宗樹立信義。而且，太宗亦免山東賦稅一年，並根據當地經濟情況，而貫切執行「輕徭簿賦」、「與民休息」政策。如貞觀元年，山東大旱，太宗下命立即賑恤，並免該年租賦，更派溫彥博、魏徵安撫山東。太宗重用魏徵解決山東問題，尤其表現在貞觀三年（六二九年）之前的幾年間，接納「卿（魏徵）所陳前後二百餘事」[30]，當中難免有部分是為山東立場而說話的。較為突出的例子有，貞觀元年，太宗懷疑馮盎謀反，欲派兵平定而被諫阻，因為戰亂恐破壞山東經濟的恢復。又如諫阻在山東地區封禪，因為當地經濟未復，不宜勞擾關東之民。太宗均一一接納，後來魏徵更被任為宰相，成為統治集團的一份子。

30 《舊唐書》，卷七十一，〈魏徵傳〉，頁二五四七。

（五）吸納山東、江南地區的治國人才

傳統上山東地區有著高度文化，為人才薈萃的地方。所以太宗起用大量山東庶族人才，如房玄齡、魏徵、溫彥博、戴胄、張行成、高季輔、張亮、馬周等協助他統治整個大唐江山。因為，治理國家需要具有經國濟世之才，這是出身文人學士的江南與出武將居多的關隴兩地區所難以擁有的。所以，面對治國問題當前的貞觀初年，太宗選擇建立以山東人士為大多數的統治集團，這是客觀環境所需要的。不過，太宗的山東集團，卻是全為寒門庶族，沒有任何高門大族。這與魏晉以來，門閥壟斷朝政，形成高門大族與皇室分享統治大權的局面有關係。著名的「王馬共天下」便是一例。[31]太宗不握擢用山東高門大族之士，進入其政權結構之中，是現實環境與皇權利益的一種妥協。因此太宗統治集團的山東庶族，均以才華見稱，而不以名望見著。[32]

太宗是以才華用人，而治國人才卻集中於山東，這是客觀事實。所以太宗的統治集團一直是山東集團佔一半比率。太宗所吸納的山東庶族人才，是經國濟世之才。房玄齡的才華，早見於「玄齡久侍陛下，預奇計秘謀」以奪謫。在太宗即位之後，他的治國之才，

---

31 可參看田餘慶：《東晉門閥政治》之〈釋「王與馬共天下」〉（北京：北京大學出版社，一九九一）。

32 關於唐朝士庶問題，可參田廷柱著：《隋唐士族》（西安：三秦出版社，一九九〇）。

被眾多史書稱為「良相」，如《貞觀政要》[33]、《新唐書》[34]、《冊府元龜》等[35]，均把他與杜如晦齊名，但杜如晦於貞觀三年十二月「遇疾，表請解職，許之，……四年，疾篤……尋薨，年四十六。」[36]英年早逝，未見其治國之才，只以世民奪謫時期而論為名相。但房玄齡受太宗重用，更可視為統治集團的領導核心人物之一。因為他共任尚書僕射十三年，是太宗朝任期最長的宰相，可見太宗對他的重視程度。另一山東名臣魏徵，他是建成舊部，太宗曾問魏徵曰：「汝何為離間我兄弟！」，徵答曰：「先太子早從徵言，必無今日之禍。」[37]知其直諫而授為諫議大夫。貞觀初年，魏徵曾與封德彝有關於行王道還是行霸道之論爭，魏徵曾深切體會隋末農民起義的鬥爭，而反對行霸道重刑，建議寬刑簡法，緩和社會矛盾，穩定政治局勢，終為太宗接納。[38]這亦足見魏徵之才。

33　詳參《貞觀政要》，卷二，〈任賢第三〉，頁三十－三十一。
34　詳參《新唐書》，卷九十六，〈杜如晦傳〉，頁三八五九。
35　詳參〔宋〕王欽若編：《冊府元龜》，卷三百一十，〈宰輔部・問望〉（北京：中華書局，一九六〇），頁三六五七。
36　《舊唐書》，卷六十六，〈杜如晦傳〉，頁二四六九。
37　《資治通鑑》，卷一百九十一，〈唐紀七〉，頁六〇一三－六〇一四。
38　詳參《貞觀政要》，卷一，〈體體第二〉，頁十七－十八。

太宗所吸納的治國之才，不單只有山東人，還有江南人士，這可早見於秦王時期，「（許）敬宗流轉投於李密，密以為元帥府記室，……武德初，赤牒擬漣州別駕。太宗聞其名，召補秦府學士。」[39]以至玄武門之變後，招攬王珪，甚至由太宗自行提拔的江南人士岑文本，史云：

貞觀元年，除秘書郎，兼直中書省……時顏師古為侍郎，自武德以來，詔誥或大事皆所草定。及得文本，號善職，而敏速過之。或策令叢遽，敕吏六七人泚筆待，分口占授，成無遺意。師古以譴罷，溫彥博為請帝曰：「師諫時事，長於文誥，人少逮者，幸得復用。」帝曰：「朕自舉一人，公毋憂。」乃授文本侍郎，專典機要。[40]

可見太宗亦招攬江南人才。

而且，山東、江南人較清楚認識到新政權的統治十分不穩定，不得不正視社會問題，為此出現多次「貞觀君臣論政」的情況。論政主要人物有房玄齡、魏徵、溫彥博、戴胄、馬周等山東人，還有江南出身的王珪、褚遂良、劉洎、岑文本等。他們均熟悉儒家經典和

---

39 《舊唐書》，卷八十二，〈許敬宗傳〉，頁二七六一。

40 《新唐書》，卷一百〇二，〈岑文本傳〉，頁三九六六。

前代興亡歷史，他們十分了解下層社會而被受重用。南宋史家洪邁，在談論歷史上的宰相時，認為：

> 若唐宰相三百餘人，自房、杜、姚、宋之外，如魏徵、王珪、褚遂良……皆為一名宰，考其行事，非漢諸人可比也。[41]

因此太宗在上述五點的外在環境促使下，不得不大量任用山東人士，並成為其統治集團的主要結構成份，這是客觀因素。可見太宗統治集團，很大程度上因為玄武門之變事件觸發所形成。然而，統治集團內部的另一股勢力——關隴集團，及佔少部份的江南人士，他們能夠進入統治集團，很大程度上主要來自太宗在玄武門之變後內在主觀因素的考慮。

乙、事變前後太宗的自身考慮

太宗統治集團班底中，除了最大多數的山東庶族外，還有不少出身關隴地區的人物。自玄武門之變後，政局起了急劇變化。太宗即位後，面對新的局面，太宗不得不從自身統

41〔宋〕洪邁：《容齋續筆》，卷十，〈漢唐輔相〉（上海：上海古籍出版社，一九七八），頁三三三—三三四。

治考慮出發，重新調整其與關隴集團的關係，以便組建一個臣屬於其個人之下的新統治集團。

（一）李唐皇室與關隴集團的歷史關係

太宗在籌組自己的統治集團時，考慮到自身的因素，即作為李唐皇室代表與關隴集團間存在深厚的歷史關係。太宗登上了李唐王朝的最高位置後，自然就不能忽略關隴集團在整體李唐統治集團中的位置。由於李唐室與關隴集團同出一轍，俱是宇文泰所創立的「關中本位政策」的成員。[42]李唐皇室原籍隴西李氏，據武德三年（六二〇年），李淵對裴寂所說：

> 我李氏昔在隴西富有龜玉，降及祖禰，姻婭帝王，及舉義兵，四海雲集，才涉數月，升為天子。[43]

---

42 詳參陳寅恪：《唐代政治史述論稿》，上篇〈統治階級之氏族及其升降〉（上海：上海古籍出版社，一九八二），頁一－四十九。

43 〔宋〕王溥：《唐會要》，卷三十六，〈氏族〉（臺北：世界書局，一八八二），頁六六三。

這表明李唐皇室與前朝政權有密切關係。李淵起兵時，聯同大量關隴集團武將，建立唐朝。隴西李氏是關隴集團的一份子，而之前西魏、北周、隋三朝之政權，也同屬關隴集團。所以，關隴集團一直是扮演著支持和協助李唐皇室的角色。

兩者關係可形容為「李唐皇室是關隴集團的核心支柱，關隴集團是李唐皇室的親密戰友」。就如史家陳寅恪所說：「自高祖、太宗創業至高宗統御之前期，其將相文武大臣大抵承西魏、北周及隋以來之世業，即宇文泰『關中本位政策』下所結集團體之後裔也。」[44]事實上，高祖的統治集團中，有不少人物是出身關隴集團，如竇威、竇抗、楊恭仁、宇文士及等。既然太宗登上了李唐皇位，他的統治集團基於上述的歷史因素，是必須存在著關隴集團的人物。而且雙方又同出一轍，有著共同利益關係。任用關隴人士更可以保障關隴集團的利益，當然亦包括李唐皇室的利益。這點說明太宗統治集團結構中，是需要存在著一定數目的關隴集團成員。

（二）關隴集團的自身式微

太宗繼承李唐皇位，亦代表著他必須持續李唐皇室與關隴集團的相互關係。但太宗又

[44] 詳參陳寅恪：《唐代政治史述論稿》（上篇），〈統治階級之氏族及其升降〉，頁十八。

同時面對著關隴集團自身演變。

在西魏、北周時期，關隴集團是佔據著整個統治集團，君主完全依靠關隴武將統治。但楊堅篡北周，建立隋朝後，這情況開始發生變化，皆因隋乃統一南北國家。不如西魏、北周只雄據北方。所以，用人上自然不能再局限於關隴武將，可惜像高熲、楊雄這些文武俱備的人物畢竟是少數。直至關隴文人蘇威進身統治階層，官拜尚書右僕射，成為「四貴」之一，才初步打破只任關隴武將為相的傳統。發展至煬帝大業年間，這種趨勢就更為明顯，當時朝廷有所謂「五貴」，除蘇威及宇文述可視為出身關隴系統外，其餘的裴矩、裴蘊、虞世南三人則來自山東和江南地區，這說明關隴集團壟斷朝政的局面已開始瓦解。其因是關中本位已不合時宜，當年宇文泰只控制關隴地區，才行此政策，以抗衡佔有山東、河北的東魏、北齊政權和江南地區的蕭梁政權。但隋統一後，統治者因歷史趨勢發展需要，而不能再局限於只重用關隴人士，例如煬帝時，韋雲起曾上疏曰：

> 今朝廷之內，多山東人，而自作門戶，更相剡薦，附下罔上，共為朋黨，不抑其端，必傾朝政。[45]

---

45 《舊唐書》，卷七十五，〈韋雲起傳〉，頁二六三一。

正因山東勢力漸起，才引起關隴的韋氏恐懼，而排斥山東人。煬帝乃「令大理推究，於是左丞郎蔚之、司隸別駕郎楚之並坐朋黨，配流漫頭赤水，餘免官者九人。」[46]可見他只整肅了十一個鬧朋黨的人，並沒有大量制裁山東人，後來韋氏因為彈劾非關隴的裴蘊和虞世基，而終受到外遷罰。[47]正因有這種變化，至太宗時才可以大量任用山東、江南人士。這也正反映關隴集團正走向式微的發展。

事實上，李淵建立唐朝時，亦不得不面對關隴集團的式微問題。雖然，他仍奉行「關中本位政策」，仍任用大量關隴貴族，但已引入了部份非關隴人士為相，如山東的封德彝、裴寂和江南的陳叔達、蕭瑀。吳宗國教授在〈唐代士族及其衰落〉一文中指出，導致這種情況，皆因關隴集團存在兩個弱點。[48]第一，關隴集團人太少，不能以一關隴集團之力統治整個大唐江山。正如武德元年（六一八年），李淵即位後便道：「近世以來，時運遷革，前代親族，莫不誅夷。」[49]在唐初關隴家族中，很多是以皇室親戚關係而繼續存

46 《舊唐書》，卷七十五，〈韋雲起傳〉，頁二六三一。

47 參黃永年：〈從楊隋中樞政權看關隴集團的開始解體〉，載氏著：《文史探微》（北京：中華書局，二〇〇〇），頁一五四－一六八。

48 吳宗國：〈唐代士族及其衰落〉，載中國唐史學會編：《唐史學會論文集》（西安：陝西人民出版社，一九八六），頁八－十。

49 《資治通鑑》，卷一百八十五，〈唐紀一〉，頁五七九五。

在，如宇文士及、竇威、竇抗。第二，關隴多出武將，治國上不及有經國濟世之才的山東人士及江南人學士，而需要委任他們進入統治集團當中。關隴的尚武風氣，有謂之說：

> 關中之雄，故尚冠冕，其達可也；代北之人武，故尚貴戚，其泰可與也。[50]

因其政治權勢依靠武力得來，其成員普遍尚武，軍功成為這集團的仕進途徑，竇威、竇抗家族為典型。至太宗時，所用的關隴人士便已包括長孫無忌、杜淹、杜如晦、李靖、侯君集等，其中只有李靖、侯君集是典型的關隴武將。所以，太宗在沿用關隴人時，亦需要正視關隴集團內部存在的兩大弱點。

因此，續漸式微的關隴集團，使太宗不能如以往關隴君主一樣，可以完全依賴其支持，甚至保護李唐皇室利益，這是很容易被來自山東地方和江南地區的反動勢力威脅。然而，在上述繼承關係而必須任用的情況下，卻又不能大用，這成為太宗面對關隴集團式微的環境限制。

50 《新唐書》，卷一百九十九，〈柳沖傳〉，頁五六七九。

（三）組建貞觀朝關隴新力量

太宗在玄武門之變後，尚須面對他與高祖朝關隴舊臣的逆轉關係。太宗雖奪得李淵的皇位，卻不會完全接收其父的關隴集團統治班底。所謂「一朝天子一朝臣」，太宗只會重用一直支持自己，共同打天下的秦王府僚屬。縱使在太宗即位之初，曾一度沿用關隴系統的裴寂、陳叔達、蕭瑀等武德朝舊臣為相，然終因他們與高祖李淵關係密切，最後亦被棄而不用。其中裴寂曾協助李淵密謀晉陽起兵，有「佐命之勛」，然而他與太宗數有矛盾。如武德二年（六一九年），在劉文靜事件上，二人出現嚴重爭執。而在建成與世民的皇位爭奪過程中，裴寂一直公開袒護太子建成。至太宗即位後，舊相裴寂表面上雖仍獲尊重，而實際上太宗欲除之而後快。貞觀元年，裴寂獲賜食封一千五百戶，位居第一的同時，卻遭免去參議政事之職。貞觀三年，裴寂因牽涉到沙門法雅案，被免官並「削食邑之半，放歸本邑。」[51]後在流配期間，死於歸京途中。太宗在武德九年（六二六年）九月，罷免中書令楊恭仁。十月，蕭瑀和封德彝發生矛盾，太宗乃趁機一同將蕭瑀和陳叔達罷免。封德彝雖早於貞觀三年死去，但在他死後的十七年，太宗卻仍以「潛持兩端，陰附建

51 《舊唐書》，卷五十七，〈裴寂傳〉，頁二二八八。

成」的罪名，改去謚號及削官和食邑。[52]正因這種關係，太宗自然不能沿用高祖朝的關隴舊臣。

由此可見，在玄武門之變後，太宗需要面對怎樣去理順自己與高祖朝關隴舊臣的關係。最後，太宗任用歸順於自己的關隴貴族，另建立屬於自己的關隴統治系統。具體做法是擢用關隴新人，即是重用與自己有親密關係，而又出身於關隴系統者。合乎這要求的，有三類人物：一、有姻親關係的，即長孫無忌與高士廉。無忌是太宗文德（長孫）皇后之兄，西魏、北周以來關隴貴族之後。[53]同時，高士廉與太宗亦有姻親關係，士廉是文德皇后的舅父。[54]早在圖謀奪嫡時期，高士廉已協助太宗，後來更參與玄武門之變而立下功勛。[55]所以在政變後成為統治集團的新成員。二、出身秦王府文學館學士的杜淹、杜如

52 《舊唐書》，卷六十三，〈封倫傳〉，頁二三九八。

53 就太宗與長孫無忌的密切關係，可參崔瑞德等編著：《劍橋中國隋唐史》（北京：中國社會科學出版社，一九九〇），頁一九四。又《新唐書》，卷一百〇五，〈長孫無忌傳〉，頁四〇一八：「或有無言忌權太盛者，帝持表示無忌曰：『我與公君臣間無少疑，使各懷所聞不言，斯則蔽矣。』因普示群臣曰：『朕子幼，無忌於我有大功，視之猶子也……』」，所載略同。

54 詳參《舊唐書》，卷六十五，〈高士廉傳〉，頁二四四一—二四四二。

55 《舊唐書》，卷六十五，〈高士廉傳〉，頁二四四二云：「時太宗為雍州牧，以士廉文德皇后之舅，素有才望，甚親敬之。及將誅隱太子，士廉與其甥長孫無忌並密謀。六月四日，士廉率吏卒釋繫囚，授以兵甲，馳至芳門備與太宗合勢。」

晦；三、秦王府舊部關隴武將李靖、侯君集。他們遂成為太宗統治集團中所留保下來的關隴新力量。[56]

（四）大一統思想與均衡統治術

另一方面，太宗吸納江南人士也是有其自身考慮。過往較少學者作深入的討論，一般認為與吸納山東庶族的原因相同。大體而言，太宗吸納江南人士的原因，確實有若干原因與其吸納山東庶族是相同的：

第一，早在世民與建成對峙時，太宗已廣結有才識之士。除了吸納山東豪傑、文人之外，亦大舉吸納江南人士為其文學館學士，如褚亮、陸德明、虞世南，許敬宗、蔡允恭及劉孝孫。許敬宗後來更成為統治集團的一份子。

第二，在秦王舊屬與東宮舊部的矛盾中，太宗選擇吸納東宮府舊部勢力，以便抗衡秦王府舊屬的勢力，避免他們壟斷新政府。其中東宮府內江南地區勢的代表人物，便是王珪。最後太宗為了均衡新統治集團內部勢力而委任之。

---

56 高士廉的任用很大程度上，是來自玄武門之變前後的主觀因素，但因為他出身山東地區，而視之與太宗有姻親關係的山東庶族集團人物。

第三，不論是山東人還是江南人，太宗都會選擇寒門庶族，而不任用高門大族。第四，若單靠關隴集團是難以治國。所以，必須吸納山東、江南治國之才。

然而上述四點，只是山東、江南兩地區人士的共同原因。這些因素對分析太宗重用山東人而言，或為其主要的因素。但對分析太宗重用江南人而言，則或成為次要因素。太宗任用江南人士的背後，或還有其更深一層的考慮。現分述於下：

第一、以江南人士作為平衡北方的山東、關隴的兩派利益。基於關隴集團日漸式微和與太宗的關係逆轉等問題，太宗需要任用山東庶族和關係親密的關隴新人，並賴之為治國之主力。但李唐畢竟是一個大一統的國家，統治集團內部不可以只有山東人、關隴人，亦應兼集江南人，使統治集團中既有「代北之人武」、「山東之人質」、「江左之人文」風氣，融合南北文武士風來制訂國策。任用江南人士，尤其突顯太宗的大一統治國精神，使江南人士能忘卻被征服的歷史，重新為朝廷效力。

第二、是太宗心理上對山東人存有戒心恐其權力過大，壟斷朝政，甚至威脅李唐統治。而與李唐皇室有共同利益的關隴集團卻又日趨式微。所以，在重用山東庶族的情況下，關隴新力量頗有孤掌難鳴之感，太宗只有招攬江南人士，培植「第三股力量」以平衡來自北方的山東與關隴兩大勢力。另外，以關隴新力量平衡山東豪傑，則太宗進可用山東，退可守關隴，又能以江南人士作為兩大勢力的平衡點，使統治集團內部各派勢力均衡。

下述例子，或能說明只有任用江南人士，才可以解決太宗的心病，而又顧及國家利益。貞觀初：

太宗嘗言及山東、關中人，意有同異，（殿中侍御史張）行成跪而奏曰：「臣聞天子以四海為家，不當以東西為限；若如是，則示人以隘陋。」太宗善其言，……自是每有大政，常預議焉。[57]

可見太宗以關隴自居，而輕視山東人，對山東人有戒心，但又不得不接納張行成的正確見解：今乃大一統之國，豈能有東西之別。在心理與現實的矛盾抵觸之下，任用江南人士，是唯一能平衡關隴、山東兩大勢力；並又可體現太宗的廣闊胸襟，吸納全國之士的大一統風氣，迎合國家利益的需要。

[57] 《舊唐書》，卷七十八，〈張行成傳〉，頁二七〇三－〇四。

三、唐太宗統治集團結構分析

要清楚太宗統治集團結構的組成，首先必須對唐初地域形勢作一說明，現以貞觀十道作劃分：關內道、隴右道列為關隴地區；河南、河東、河北三道為山東地區；山南、淮南、江南、劍南、嶺南五道為江南地區。[58]貞觀朝二十三年，期間曾拜相者，共二八人。其中除裴寂、蕭瑀、陳叔達、封德彝、楊恭仁、宇文士及等六人是武德朝舊相，餘下的二二人才可視為貞觀朝宰相[59]，亦即太宗政權的主要成員是以貞觀朝二二位宰相為核心。而按地域觀念來劃分，則可分區為：

一、關隴地區：長孫無忌、杜淹、杜如晦、李靖、侯君集、楊師道

二、山東地區：高士廉[60]、房玄齡、魏徵、溫彥博、戴胄、李勣、張行成、張亮、

58 參雷家驥：《隋唐中央權力結構及其演進》（臺北：東大圖書公司，一九九五），頁十三。

59 詳參汪籛：〈唐太宗之拔擢山東微族與各集團人士之并進〉，載唐長孺、吳宗國等編：《汪籛隋唐史論稿》（北京：中國社會科學出版社，一九八一），頁一三二—一四九。

60 有關高士廉的出身，若干學者認為高氏憑藉與長孫無忌和皇后關係而應歸入關隴集團之中。筆者卻認為單憑此而視高士廉為出身關隴集團似猶有不足處。故本文仍以舊史所載，以其籍貫出而之，而應高氏歸入山

馬周、高季輔、崔仁師

三、江南地區：王珪、許敬宗、岑文本、劉洎、褚遂良

粗略統計得出下述數字：在二十二人中，關隴地區凡六人，佔百分之二十七・三；山東地區凡十一人，佔百分之五十；江南地區五人，佔百分之二十二・七。據此有學者認為山東人在貞觀統治集團扮演著舉足輕重的關係。[61]

在太宗朝的二二名宰相中，除了楊師道、崔仁師、褚遂良、劉洎等四人外（原因詳見後文），其他一八人很大程度上是基於前文所述「玄武門之變前後內、外因因素變化」，而進入太宗統治集團。不論他們是直接或間接參與玄武門之變，又或是於事變後才晉身統治集團成員，但可以肯定是太宗拔用他們，乃基於玄武門之變後的政局變化的考慮。縱使不計算在政變後才拔用的溫彥博、張行成、馬周、高季輔、岑文本等五人外，其他一三人均與玄武門之變有直接關係，他們分別是：

關隴新力量：長孫無忌、杜淹、杜如晦、李靖、侯君集

東之列。

61 參註59，汪籛前引文。

山東庶族：高士廉、房玄齡、魏徵、戴胄、李勣、張亮

江南人士：王珪、許敬宗

即使有些人沒有直接參與當日的政變，但卻在政變前出謀劃策，甚至皇位繼承爭奪戰中的重要人物。因此在十八位宰相的統治集團中，共十三人，佔百分之七十二・二，是直接涉及玄武門之變的鬥爭，在這十三位宰相中，關隴系統五人，佔百分之三十八・五；山東庶族六人，佔百分之四十六・二；江南人士二人，佔百分之十五・三。這種分佈與太宗組建其統治集團的模式相吻合，其後加入的人物大抵依此模式為中心，而進一步發展。另外，五人是事變後太宗才吸納他們，這算是「玄武門之變」的間接結果。另外的四人（即楊師道等四人），可視繼後為強化統治集團而加入的。所以，「玄武門之變」是很大程度上促成太宗朝統治集團的誕生。

太宗統治集團是逐漸發展出來的，直至貞觀四年為止，太宗朝的二十二位宰相中，已有十八人被擢用，佔百分之八十一・八，成為中央要員。在這十八人中，出身關隴系統的佔五人，約百分之二十七・八；出身山東庶族的佔十人，約百分之五十五・五；出身江南人士有三人，約佔百分之十六・七。現粗略統計他們在貞觀初年的職位，出身及地域分佈，可得出以下的結果：

地域	姓名	官職	出身
關隴新力量	長孫無忌	尚書右僕射	長孫皇后兄長
	杜如晦	尚書右僕射	秦王府文學館士
	李靖	尚書右僕射[62]	關隴將武
	杜淹	檢校吏部尚書參預朝政	秦王府文學館士
山東庶族	侯君集	兵部尚書參預朝政	關隴將武
	高士廉	侍中／吏部尚書[63]	長孫皇后舅父
	房玄齡	尚書左僕射	秦王府文學館士
	魏徵	秘書監參預朝政	舊東宮屬僚
	溫彥博	中書令參預朝政	山東文人
	馬周	監察御史	山東文人
	高季輔	中書舍人太子右庶子	山東文人
	戴胄	檢校吏部尚書參預朝政	山東豪傑
	李勣	行軍總管	山東豪傑
	張亮	御史大夫	山東豪傑
	張行成	刑部侍郎太子少詹事	太宗親自提拔

62 貞觀元年長孫無忌任尚書右僕射，貞觀三年改杜如晦任之。翌年卒，以李靖代其職。

63 分別參《新唐書》，卷六十一，〈宰相表上〉，頁一六三〇、嚴耕望：《唐僕丞郎表》（北京：中華書局，一九八六），頁八十四。

江南人士	許敬宗	中書舍人[64]	秦王府文學館士
	王珪	侍中	舊東宮屬僚
	岑文本	中書侍郎	太宗親自提拔

上述僅粗略勢力分佈，但也有一定的參考價值。太宗統治集團的組成，明顯延攬了關隴、山東、江南三股地域勢力。各人出身，基本可代表不同利益集團，達致綜合各方意見之效用，亦能平衡各方勢力。若以各人背景而言，大致可再細分為：一、外戚勢力（關隴、山東）；二、關隴武將；三、秦王府文學館學士（關隴、山東、江南）；四、山東文人；五、山東豪傑；六、舊東宮僚屬（山東、江南）；七·太宗親自提拔（山東、江南）。而且每股力量代表人物，絕不多過三人，使任何一方力量也不會過大。可見太宗在玄武門之變後，根據政治環境，順應時勢經營統治集團的心思所在。

從各人官職上分析，雖然到貞觀四年，只有九人任相（包括加銜宰相），即：長孫無忌（關隴外戚）、杜如晦（關隴文學館學士）、杜淹（關隴文學館學士）、李靖（關隴武將）、侯君集（關隴武將）、房玄齡（山東庶族文學館學士）、魏徵（山東庶族舊東宮僚屬）、溫彥博（山東庶族文人）、戴胄（山東庶族豪傑）等，佔統治集團十八人中的百

64 參《舊唐書》，卷八十二，〈許敬宗傳〉，頁二七六一。

分之五十。及至貞觀四年以後，其餘各人隨後亦陸續委任為宰相。縱使未被任相者，亦受太宗重視，實際上是屬於統治集團的成員。在這九人之中，出身關隴系統的五人全數曾拜相，即長孫無忌、杜如晦、李靖、侯君集、杜淹。而出身山東庶族的四人亦全數曾拜相，即房玄齡、魏徵、溫彥博、戴胄。其餘九人亦分居要職，在不同領域為太宗效犬馬之勞。粗略統計得知在貞觀初，佔十八名宰相中百分之二十七・八的五位出身關隴系統者已全數拜相，比率百分之百；相反，佔十八人中百分之五十五・五的十位出身山東庶族系統者，僅得四人拜相，比率百分之四十。這可見太宗在建立其政權過程中，有意無意間是先關注關隴系統在政權的優先地位。同時，亦逐步提拔山東庶族進入統治集團。值得注意的是，前述貞觀朝的二十二位宰相中的餘下四人，即楊師道、劉洎、褚遂良、崔仁師，考其仕途經歷，皆在貞觀七年以後才獲見用[65]，其中兩人出身江南背景（褚遂良、劉洎），明顯加強了江南人士的勢力。

貞觀初年，三地勢力與李唐皇室的關係，可以理解為太宗為整個政權的核心人物，他代表李唐王朝的最高權力，故居中心位置。而統治集中團一八名宰相皆為其作向心效力，治理國政，維持李唐皇室的統治地位，太宗之外圍必為與其同出一轍，有相輔相成關係的

65 據《舊唐書》，卷七十四，〈崔仁師傳〉，頁二六二〇－二六二一所載，貞觀初年，崔仁師位居度支郎中，品職不高。至十六年始遷給事中。

關隴新力量。然而治理國家實依靠一班具經國濟世之才，而居於關隴新力量之外的山東庶族。餘下之江南文人大量，則作為一統與均衡的表徵，託於其外。

四、小結

「玄武門之變」前後的形勢變化，對太宗而言，產生了外在的客觀局面改變及內在的主觀自身考慮。太宗只能根據當時的內外環境條件，作出相應的措施，以組建其政權。他的成功，並不是故老相傳的「唯才是用，善擇明臣」說法，而是他能看透當時變幻莫測的政局發展，洞悉各集團、地域利害關係，針對地運用適當的策略，選擇適合時局需要的地域和不同背景人才。就如西方史家Stephen J, Lee所言：「人是沒有創造時局環境的能力，人只能依從局勢去制定相應策略。」[66]

[66] Stephen J., Lee *Aspects of European History 1789-1980* (London: Methuer, 1982), pp.89.

唐高宗政治權謀的再認識
——兼論高宗朝的武則天*

一、問題所在

唐高宗李治在位凡三十四年（六五〇—六八三年），是唐朝在位時間第二長的君主，僅次於唐玄宗，而較其父唐太宗多十年以上，但是高宗一朝歷史卻少為史家所注意。其主要原因，或與他去世後不久武則天便臨朝稱制，最後更簒唐立周。長期以來武則天被傳統史家冠以「狐媚惑主」、「牝鷄司晨」、「女主干政」等說法，因而唐高宗亦得隨之而負起部份責任以至罪名。且看《舊唐書・高宗紀下》史臣評語：

* 本文原刊《臺灣師範大學歷史學報》，第四十七期（二〇一二年），頁三十九—六十二。

大帝往在藩儲，見稱長者；暨升旒扆，頓異明哉。虛襟似納於觸鱗，下詔無殊於扇暍。既蕩情於帷薄，遂忽怠於基扃。卒致盤維盡戮，宗社為墟，古所謂一國為一人興，前賢為後愚廢，信矣哉！[1]

《新唐書・高宗紀》的史臣贊曰，更不提高宗的政績而直接下斷語云：

武氏之亂，唐之宗室戕殺殆盡，其士大夫不免十之八九。……以太宗之明，昧於知子，廢立之際，不能自決，卒用昏童。高宗溺愛衽席，不戒履霜之漸，而毒流天下，貽禍邦家。[2]

可知武則天的冒起成為影響唐高宗朝評價的一個近乎決定性因素。而高宗形象的每況愈下，亦可從「後愚」以至「昏童」的過程中略見一斑。

踏入二十世紀初，學術界雖受到西方新史學潮流衝擊，然而老一輩學者對此並沒有提出太多新見解。如：岑仲勉、范文瀾、王壽南等曾以昏庸、庸懦以至傀儡等字眼形容唐高

1 〔後晉〕劉昫：《舊唐書》，卷五，〈高宗紀下〉（北京：中華書局，一九七五），頁一一二。
2 〔宋〕歐陽修、宋祁撰：《新唐書》，卷三，〈高宗紀〉（北京：中華書局，一九七五），頁七九。

宗。[3]談到高宗朝時，部份通史作品更輕輕帶過，在討論過唐太宗後便跳到武則天，原因是他們認為武則天執政近半世紀，她才是推動歷史的主角，唐高宗李治只是虛有其名。[4]但隨著二十世紀八十年代掀起對武則天研究所引發的討論，不同的看法亦開始出現。何汝泉首先撰文指出基於武則天在高宗朝的記載中，幾乎完全沒有涉及她參與軍事、民族和經濟等方面活動的痕跡，因而推出武則天在高宗朝沒有完全執政，唐朝軍國大政仍緊握在高宗手中的結論。[5]趙文潤認為，高宗在位期內，「生產在發展，疆域有開拓。他的聰明才智雖不及太宗，但並非昏庸無能，他讓武后參與政事，亦非出于懦弱，其歷史作用是應該肯定的。」[6]王炎平肯定高宗本身的能力及其與武則天的政治關係。[7]曾現江主張高宗

3 如：岑仲勉：《隋唐史》（北京：中華書局，一九八二），頁一二七，稱高宗為「庸懦」、王壽南：《隋唐史》（臺北，三民書局，一九八六），頁一二五，形容高宗是「形同傀儡」。其他持類似看法的學者，可參：雷家驥：《武則天傳》（北京：人民出版社，二〇〇一）。

4 可參范文瀾：《中國通史簡編・第三編》（修訂版）（北京：人民出版社，一九六五）、傅樂成：《隋唐五代史》（臺北：眾文圖書股份公司，一九八五）。

5 何汝泉：〈關於武則天的幾個問題〉，載《歷史研究》，期四（一九七八年），頁六十三。

6 趙文潤：〈唐高宗「昏懦」說質疑〉，載《人文雜誌》，期一（一九八六年），頁八十九－九十四。

7 王炎平：〈論「二聖」格局〉，載中國唐史學會編：《中國唐史學會論文集》（西安：三秦出版社，一九八九），頁一九六－二〇四。

只是「懦而不昏」。[8]楊劍虹論述高宗政績之餘，更力主他不僅完成了唐太宗的未竟之業，解決了國家和社會的困難和問題，而且有所更新和發展。[9]孟憲實則反覆申論高宗是「外圓內方，胆大心細」極具政治智慧，但卻被傳世史書刻意描繪為「軟弱無能」的君主。[10]

這些討論，給研究者帶來新的課題，如果我們不依從傳統的看法，認為高宗不是昏庸的皇帝，則日後武后臨朝稱制的局面，如何解釋？高宗廢王立武後，朝廷上有沒有形成一股屬於武則天的政治力量？她與高宗在政見上，是否有分歧以至如部份論者所謂的有矛盾？簡言之，究竟她在高宗朝的二十八個年頭裡，擔任了甚麼角色，起了何種作用？我們甚而可以追問，她在這段日子的經驗，是否影響到日後她掌權的日子中的權術運用？史料的貧乏，使這些問題的探討有不少困難，但為要追求較合理的答案，重新考察和認識高宗朝的歷史，實有其必要。

8 曾現江：〈唐高宗新論〉，載《許昌師專學報》，第四期（二〇〇一年），頁七十九—八十三。
9 可參楊劍虹：《武則天新傳》（武漢：武漢大學出版社，一九九三）。
10 孟憲實：《唐高宗的真相》（北京：北京大學出版社，二〇〇八），頁一。

二、皇太子時期的李治

高宗登位，是唐朝君主繼承問題上少有未發生流血政變的一次，但這並非表示高宗在得位過程中沒有出現過政治鬥爭。據目前史料所見，唐太宗對同是長孫皇后所出四子魏王李泰的偏心，引起太子承乾的恐懼，最後承乾竟效法乃父，企圖聯合叔父元昌等武力奪位，結果失敗，承乾被廢，元昌被殺，成為王位繼承問題上的第一批犧牲者；其後太宗為了避免將來再出現兄弟鬥爭的局面，最終幽禁李泰，外徙均州，同黨流放，成為第二批犧牲者。而晉王李治作為長孫皇后的第三兒子，在長孫無忌的支持下成為皇太子。[11]

李治成為皇太子時十六歲，有關李治被立為太子後的事跡，史載不多。《舊唐書・高宗本紀》初段所記強調他的孝德，總之是接近一位前途有望君主的樣板。應該注意的是，貞觀十五年（六四一年）以後的實錄由長孫無忌監修，而他支持李治最力，主因當是他作為舅父可以保有和享受權力，因此我們不得不懷疑，其中有關他自己的部份與及有關李治的部份，大多極力強調可取的一面，例如目前所見有關李治為太子時表現，莫不仁孝

11 參孫國棟：〈唐貞觀徽間黨爭試釋〉，載氏撰：《唐宋史論叢》（香港：龍門書店，一九八〇），頁一一十六。

非常，太宗遠征時，他「悲啼數日」，回來身體不適後，又不離左右，甚至「旬日之間，髮有變白者」[12]，我們不能肯定這些今日看來難以相信的行為或許有欠真實，但卻懷疑這位仁愛的皇太子在這段時期何以有機會和心情去和父親的後宮才人武氏搞不倫關係[13]，進而考慮同時期的其他記錄中出現曲筆的可能性。有論者便曾懷疑，記述唐太宗如何決定立李治為太子一段文字，可能出於溢美長孫無忌，因而有不實之處，即記錄誇大了長孫無忌本身在事件中所起的作用。而從同一記錄所載李泰提出以自己百年後殺本身兒子以傳位李治，也可以看出太宗在廢承乾後也曾考慮以李治為繼承人的意思。[14]

太宗取幼子李治而放棄次子，主要是不希望兒子間出現黨爭的情形。正是二子之爭的教訓，使他晚年十分注意防範大臣言語和行動，稍不如意，即加以清除。不少高官也成為貞觀朝皇位保護措施下的第三批犧牲者；如劉洎、張亮的被殺；已經去世的魏徵，失去

12 見〔宋〕王欽若等編：《冊府元龜》，卷二十七，〈帝王部‧孝德〉（北京：中華書局，一九八二），頁二九六－二九七；另外有關高宗為皇太子時事跡，亦可參同書卷二百五十六至卷二百六十一，〈儲宮部〉所載。

13 參盧向前：〈武則天與劉洎之死〉，載《浙江大學學報（人文社會科版）》，第三十七卷第三期（二〇〇七年五月），頁八十四－九十。

14 見胡如雷：《李世民傳》（北京：中華書局，一九八六），頁二三八－二三九。胡書分別引述了《舊唐書》，卷六十五，〈長孫無忌傳〉和《舊唐書》，卷八十，〈褚遂良傳〉，而較原始記錄可參《冊府元龜》，卷二百五十七，〈儲宮部‧建立第二〉，頁三〇五八，但文中疑間有漏字。

名譽；蕭瑀、崔仁師等失去官職，雖然前者一度復位。即如房玄齡、馬周、李勣等老臣，亦似乎失去君主過去對他們的信心。主要權力漸集中在長孫無忌、褚遂良等人手中。[15]前者大力支持李治而放棄同是自己外甥的李泰，主要或是因李泰所組織的班底乃以功臣子弟為主，而長孫無忌並無參予其中。[16]為了保持本身權位，無忌不得不改為向幼子李治動腦筋，希望從中可以為自己建立起政治資本。褚遂良出身南方，以文才與見識為太宗賞識，他在繼位問題中似乎未有明確的表露支持李治立場，卻是第一個提出要解決晉王問題的大臣，他後來在短短幾年中，從正五品上的諫議大夫，冒升為正三品的中書令，相信與這種唐室本位的態度，實際上也就是支持李治的態度有關。

在這一切為他政治前途鋪路的改變中，年青的李治並不容易發揮他的影響力。貞觀十七年（六四三年）左右，太宗曾經因為苑西守監農圃不修而大怒，下令處死之，但得李治說項，雖然似乎沒有按照請依法推鞫，卻笞而釋之。[17]未知李治是否察覺到父親晚年不易

15 有關太宗晚年廢立太子的討論，參袁英光、王界雲：《唐太宗傳》（天津：天津人民出版社，一九八五），頁二五六—二七九；又有關太宗晚年用人，可參王吉林：〈從唐太宗的用人看貞觀年間宰相制度的變動〉，載氏著：《唐代宰相與政治》（臺北：文津出版社，一九九九），頁三十一—九十四。

16 趙克堯、許道勛：《唐太宗傳》（北京：人民出版社，一九八四），頁三六七。

17 《冊府元龜》，卷二百六十一，〈儲宮部・忠諫〉，頁三一〇〇，又《舊唐書》，卷七十四，〈劉洎傳〉，頁二六七一，所載略同。

聽諫的脾氣，同樣的事情，未再出現史籍之中。同年十二月，太宗一度想替太子「選良家女以實東宮」，但李治卻派于志寧推辭[18]，可見他無意讓父親完全支配他的感情和家庭生活。然而司馬光把這段記錄安排在太宗懷疑太子仁弱的記載前，是令人意外和不解的。他加上日後李治膽敢在父親有生之年即與宮中才人武氏發生關係，更可見到他性格一端。他在貞觀二十二年（六四八年）為母親作了大慈恩寺，史載當時他「備寶車五十乘迎諸大德，并綵亭寶剎數百具，奉安新後梵夾諸經及瑞像舍利等，敕太常九部樂柔長安、萬年音樂，京城諸寺華幡，導引入寺」[19]，規模異常龐大，成為當時大事，似有替自己建立威名的意思。但高宗後來並無為父親建立起同樣佛寺，也令人考慮他在感情上較接近母親多於父親。

《冊府元龜》卷二百五十九載貞觀十九年（六四五年）太宗征遼時，作為太子監國的李治曾下詔州郡，徵簡賢良，結果州郡舉了數百人。[20]而這亦不可能是他當時的唯一措施。總之，我們看不到有充份的證據，可以認定李治在太宗朝末年表現柔弱。由於地位敏

18 〔宋〕司馬光：《資治通鑑》，卷一百九十七，〈高祖武德九年〉（北京：中華書局，一九八六），頁六〇二六。

19 〔元〕釋覺岸：《釋氏稽古略》，卷三，〈唐〉（南京：江蘇廣陵古籍刻印社，一九九二），頁二七六。

20 《冊府元龜》，卷二百五十九，〈儲宮部・監國〉，頁三〇七八。

感，皇太子一般不易於居儲時，在政治上有所發揮。導致今天我們確實難以了解作為太子時的李治的個人特色以至政治見解。這方面的記載只能等到他登上皇座，才較易見到。

三、永徽年間的高宗與立武氏為后

貞觀二十三年五月（六四九年），唐太宗病逝，李治繼位，成為第一個於建國無功的唐代皇帝。雖然唐太宗晚年已經為太子的接班作了不少部署，但新君的權力基礎仍需要各種方法和手段來加以穩固。在消極方面，李治或有防範威脅甚至反對其統治的行動出現的可能；在積極方面，他積極建立起本身的班底，亦同時推行一些可以爭取民心的措施。高宗登位初期朝廷的所為，可以從這個角度去理解。

太宗遺詔便是一個典型例子。自從秦朝趙高擅把秦始皇的封書改為遺詔後，到了隋代，遺詔似成了一種證明新皇帝權力來源的公文書，反映後人意願漸多於死者本身希望。[21]太宗遺詔內容較重要的結束部份：「諸王為都督刺史任者，並來奔喪，濮王萊王不

21 參（西漢）司馬遷：《史記》，卷六，〈秦始皇本紀第六〉（北京：中華書局，一九五九），頁二六四，所載秦始皇賜書公子扶蘇事。而從兩《漢書》本紀可見漢朝皇帝死時不少有遺詔。而隋文帝遺詔見《隋書》，卷二，〈高祖紀下〉（北京：中華書局，一九七三），頁五十二－五十三。

在來限……遼東行事並停。太原元從人見在者，各賜勳官一級，諸營作土木之功，並宜停斷。」[22]濮王即李泰，不讓他進京奔喪原因，無非是提防他乘機死灰復燃。另外征遼東曾經引起部份地方不滿和反對。所以，停止征遼的軍事行動，亦可以在一定程度上預防反朝廷行動的爆發，這相信是高宗或朝臣的主張，但儘管說是太宗為了保持朝廷安定而改變主意，也勉強可接受。值得細究的是，我們難以發現足夠的理由去解釋太宗會在死後賜勳官給「太原元從」。所謂「太原元從」，當指一班當年參與太原起兵，但由於較親李淵而在貞觀朝相對失意的文武官員。他們不少早去世，剩下的在朝廷上能起的影響早已不大，如果說太宗要防止這批人作反，他大可一早找些理由把他們除掉，而不必至死時才加封無實際職權的勳官，而加勳官也不見得可以令他們會去掉作反之心。觀乎後來高宗對這班人的待遇，遺詔所記應該是高宗為貞觀朝失寵的舊臣平反或拉攏的一個步驟。[23]

遺詔公布次日，高宗便把四位原在東宮帶職的官員升級，分別是：兼太子少師、禮部尚書于志寧為侍中，太子少詹事、兼尚書左丞張行成為兼侍中、檢校刑部尚書、太子右庶

22 〔宋〕宋敏求：《唐大詔令集》，卷十一，〈太宗遺詔〉（上海：學林出版社，一九九二），頁六一。舊紀和《通鑑》均有引數句，後者刪萊王字，萊王待考。

23 有關太原元從及他們在高宗朝後期所受待遇，參黃約瑟：〈武士彠事蹟另探〉，載《食貨月刊》，第十三卷第九—十期（缺年份），頁二十—四十。

子、兼吏部侍郎、攝戶部尚書高季輔為中書令、檢校吏部尚書，太子左庶子許敬宗為兼禮部尚書。[24]時朝中權位最高的是在貞觀二十二年正月成為檢校中書令、知尚書、門下二省事的長孫無忌，但他要等到高宗正式即位後，而且從疊州召回李勣，加封為特進、檢校洛州刺史、洛陽宮留守二日後，始多添一個太尉的職位，並且由知尚書、門下二省事改為同中書門下三品。[25]同月中，李勣先加開府儀同三司、同中書門下三品，兩個多月後，又加官為尚書左僕射，成為貞觀十七年後第一位僕射。有論者以為這個變化是維持長孫無忌特權，以李勣為陪襯[26]，亦有學者認為這是太宗托孤的刻意安排。[27]然而無論其背景動機如何，只要結合前述四人的加官，實亦可視為高宗的手法，以自己熟悉的親信大臣，組成一種古代內閣，以平衡長孫無忌的影響。更令人注意的，是太宗朝末年權力顯赫一時，曾任中書令而似乎負責起草太宗遺詔的褚遂良，只有賜爵河南縣公而沒有其他晉升，他在永徽元年（六五〇年）雖然又封郡公，但同年底卻因小故而被貶為同州刺史。事情起因是由於

24 見舊紀，原文于志寧官作兼太子少師，但《冊府元龜》，卷七十二，〈帝王部・命相二〉，頁八二二作左庶子。又參嚴耕望：《唐僕尚丞郎表》（北京：中華書局，一九八六），頁八二二。

25 《資治通鑑》，卷一百九十九，〈太宗貞觀二十三年〉，頁六二六八。

26 王吉林：〈從黨派鬥爭看唐高宗、武后時代宰相制度的演變〉，載氏著：《唐代宰相與政治》（臺北：文津出版社，一九九九），頁九十五－一五七。

27 孟憲實：《唐高宗的真相》，頁一五三－一五九。

他本身不正，「抑買中書譯語人宅地」[28]，且不論這是否作為小問題的借口[29]，但理解為高宗即位後無意重用他可是符合情理的。

總之，李治可說沿襲或追隨了太宗部份的安排：例如要安撫山東人心，相信沒有比把李勣派到洛陽的更佳辦法。同時李治縱然對長孫無忌沒有特別惡感，但無忌對其天子之位亦無威脅，所以沒有必要立刻清除他，相反年僅二十三的高宗未經沙場戰鬥，對軍隊的控制與及國政其他方面，均可能或需要倚重舅父。不過，從各人的官位升遷中，亦有蜘絲馬跡，可以看出李治對父親遺制，或有一定的抗拒感。但他要建立自己的權力體系，只能循步漸進，不能亦大概無需要操之過急，不過朝廷官員在這種環境下，便自然為了本身權益，多少出現類似聯系結派的情形。例如褚遂良在永徽三年（六五二年）又任吏部尚書、同中書門下三品，重回權力圈子，背後支持他的，相信很可能就是長孫無忌，箇中情由，或與早一年于志寧與張行成齊升僕射和同中書門下三品有關。這一年登上相位的尚有從黃門侍郎新任侍中的宇文節和由中書侍郎升中書令的柳奭，前者出身京兆大族，在貞觀中曾

28 《冊府元龜》，卷五百二十，〈憲官部・彈劾第三〉，頁六二一〇；又見《冊府元龜》，卷五百一十五，〈憲官部・剛正第二〉，頁六一五八。

29 詳參黃永年：〈說永徽六年廢立皇后事真相〉，載氏著：《文史探微—黃永年自選集》（北京：中華書局，二〇〇〇）。

為尚書右丞，後者亦曾在貞觀中為中書舍人，後來以外戚身份代褚遂良為中書令。[30]前者在政壇可說曇花一現，因為他牽涉入永徽四年（六五三年）房遺愛謀反事件中，他最後死於桂州，或與他未有和褚遂良一樣在朝廷中有大臣支持他之故，再參考他在永徽三年七月曾與于志寧等數人同出任東宮職的事實，看來他與長孫無忌不一定有特別親密關係，而是得皇帝的看重而得提升。柳奭以外戚冒起，是否如黃永年氏所言，乃高宗任用自己親信向外戚爭權的手法[31]，如出於高宗多於長孫無忌主意，當能成立。若然，則新皇帝登基三年，雖然不是完全大權在握，在朝廷的人事改動中應該也起了一定作用。

然而長孫無忌亦不是全無動作。他經歷了政壇數十年，不可能不注意到本身的處境。永徽三年正，史載他以「旱請遜位」[32]，或是一種刺探皇帝反應的方法。有趣的是，請求不批准三天後，正是前述褚遂良回朝任吏部尚書和同中書門下三品的日子。三個月後，與他有點姻親關係的韓瑗任黃門侍郎、同中書門下三品。[33]二人的得勢或可視為與長孫無忌

30 詳參《舊唐書》，卷一百零五，〈宇文融傳・附宇文節〉，頁三二一七；及《舊唐書》，卷七十七，〈柳奭傳〉，頁二六八一。

31 詳參黃永年：〈說永徽六年廢立皇后事真相〉，載氏著：《文史探微——黃永年自選集》（北京：中華書局，二〇〇〇）。

32 《舊唐書》，卷四，〈高宗紀上〉，頁七十。

33 據《新唐書》，卷一百〇五，〈列傳第三十・長孫無忌 褚遂良〉，頁四〇二三，所記長孫無忌的從父弟操

有關，二人在同年九月立李忠為太子事採取同一立場可說是主要證據。[34]不過同年九月以中書侍郎加任同中書門下三品的來濟的晉升，是否由於同樣原因，則頗成疑問。由於他們二人後來均對武則天立后事提出異議，往往被視為長孫無忌一派。但按《舊唐書》卷八十本傳所載，他是貞觀十八年時新置太子司議郎時的初任者，故與李治亦有一定淵源。[35]要注意的卻是，李治或許不願意見到舅父在朝勢力過大；同時長孫無忌也不想本身影響消失，微妙的卻是二人既是君臣、又是甥舅，更是姻親，長孫無忌的兒子長孫沖又娶了高宗的妹長樂公主，[36]彼此的關係自然不是長期互不相容的對立，甚至更多時候，存在合作和利益協調的關係。

最清楚的例子自是永徽四年春，所謂房遺愛謀反一役。據記載，似乎事情起於房玄齡二子房遺愛所娶的高陽公主，她妒忌大伯房遺直的封爵，誣告他「無禮於己」[37]，結果反

子詮，有女名兕，為韓瑗妻。

34 《舊唐書》，卷八十六，〈列傳第三十六・高宗中宗諸子〉，頁二八二四，但此處褚遂良與韓瑗官職均有誤。

35 《舊唐書》，卷八十，〈來濟傳〉，頁二七四二。

36 參《新唐書》，卷八十三，〈諸帝公主〉，頁三六四五、《冊府元龜》，卷三百，〈外戚部・總序〉，頁三五三二。長樂公主後葬昭陵，有墓和誌，見《文博》，期三（一九八八年）報告：〈唐昭陵長樂公主墓〉，頁十—三十，另有圖版。

37 目前交代事情較完整的當推《資治通鑑》，卷一百九十九，頁六二七九—六二八〇所記。餘只能散見各傳記：房遺愛（《舊唐書》，卷六十六，〈列傳第十六・杜如晦〉，頁二四六七）、薛萬徹（《舊唐書》，

而驚動朝廷，暴露本身反狀，另外同時牽入薛萬徹、柴令武、李元景、李恪等人。但史籍所載多為片面資料，事情是否果然如此，尚有可探究之處。值得注意的是薛萬徹、柴令武除了有與房遺愛一樣，是駙馬都尉外，三人尚有一同通點，就是與貞觀年間經營太子之位失敗被貶黜的魏王李泰關係密切，就如《舊唐書》所記：

時皇太子承乾有足疾，泰潛有奪嫡之意，招駙馬都尉柴令武、房遺愛等二十餘人，厚加贈遺，寄以心腹。[38]

這次所謂謀反事情，發生在李泰去世後不足一個月內[39]，故難免令人懷疑，事件是一種有目標有預謀的行動。前面提到太宗死時，李泰不能參加葬禮，但高宗即位後，又為他「開

38 卷六十九，〈列傳第十九・薛萬徹〉，頁二五一九）、李元景（《舊唐書》，卷六十四，〈列傳第十四・高祖二十二子〉，頁二四二五）、李恪（《舊唐書》，卷七十六，〈列傳第二十六・太宗諸子〉，頁二六五〇），柴令武（《新唐書》，卷八十三，〈諸帝公主〉，頁三六四六、《新唐書》，卷九十，〈列傳第十五・程知節 柴紹〉，頁三七七四）。另外房遺愛得罪事又可見《冊府元龜》，卷九百三十四，〈總錄部・告訐〉，頁一一〇一三，但文中作太宗，當有誤。

39 《舊唐書》，卷七十六，〈太宗諸子〉，頁二六五五。《舊唐書》，卷四，〈高宗紀上〉，頁七十一。

府置僚屬」，表面看來是「特加優異」[40]，實際上若非一種使對方不起反叛之心的手段，便是變相軟禁。朝廷對房遺愛等人的打擊，當是看準了他們暫時群龍無首，因此先發制人，使李泰餘黨一擊而潰，也同時藉機去掉一些可能成為領導反對者的人物，例如李治的叔父李元景和同父異母弟李恪。

不過值得注意的是，負責主持這次審訊的，主要是長孫無忌。由於事情牽涉及皇室成員以及駙馬，以貞觀年間審鞫承乾謀反案為先例[41]，我們相信實際上應有其他人參與審訊，不過長孫無忌是主審則當無疑問。這個任命，說明了朝廷對李泰集團舊人的打擊，不一定完全出於長孫無忌，也可能與高宗有關。雖然《舊唐書》中李恪傳指出他是因長孫無忌所忌嫉而被誅，但若無高宗的肯首，無忌亦難獨斷獨行。[42]我們可以懷疑，由於有關記錄或源於武則天時期編修的《高宗實錄》，記述長孫無忌之時或有多少醜化之嫌，但我們仍得承認，起碼在永徽四年，朝廷仍有一定程度得倚賴無忌。如果說長孫無忌在清算李泰集團舊成員上立了一功，則同年褚遂良接替張行成為尚書右僕射，以至次年四月韓瑗加銀青光祿大夫，或可視為他影響加重的一個反映。但與韓瑗加官同時的尚有來濟，而被視為

40 《舊唐書》，卷七十六，〈太宗諸子〉，頁二六五六。
41 《舊唐書》，卷七十六，〈太宗諸子〉，頁二六四九。
42 《舊唐書》，卷七十六，〈太宗諸子〉，頁二六五〇。

加入了長孫派的外戚柳奭，則因王皇后失寵而自動辭中書令職，改任吏部尚書。[43]不管他是否真的自動自覺請辭，總之他受到從皇帝而來的壓力卻無可否認。

由此看來，單從權力的角度來考察，武則天未登台前的高宗朝初期所見的李治，並不是一個柔弱的君主。由於年齡的差距，我們不否認他有意擺脫前朝老臣的勢力，不過由於本身的經歷，與及實際的需要，他未有很大的成功。我們亦不必只強調二者間的衝突而漠視雙方亦有共同的利益。由當時的情況來看，代表了元老重臣的長孫無忌的影響與高宗的權力，並無此起彼落的必然關係。他們之間若有矛盾，可說是任何權力組織下的必有現象。但在此期間，並沒有任何事情，足以引致彼此較尖銳的對立，直到永徽六年的廢立皇后事件。

黃永年從皇帝與托孤老臣之爭解釋廢立事件，[44]趙克堯則從君相權力之爭看此問題，[45]楊增強以高宗把家事政治化的觀點來探討此問題。[46]然而黃氏認為事件是皇帝與老

---

43 各人官職變更，參舊紀，另外柳奭事又參《舊唐書》，卷七十七，〈柳奭傳〉，頁二六八二。

44 詳參黃永年：〈說永徽六年廢立皇后事真相〉，載氏著：《文史探微－黃永年自選集》（北京：中華書局，二〇〇〇）。又孟憲實：《唐高宗的真相》（北京：北京大學出版社，二〇〇八）。

45 趙克堯：〈武后之立與君相權力之爭〉，載《溫州師專學報（哲社版）》，第一期（一九八八年），頁八十九－九十七。

46 楊增強：〈唐高宗廢立皇后事件新論〉，載《西北大學學報（哲學社會科學版）》，第三十五卷第五期

臣之爭的焦點，似乎誇大了事件重要性，也無法解釋來濟與韓瑗的反對，事實上，廢后事件中居於皇帝一方的許敬宗亦可算是老臣，老臣中長孫無忌與褚遂良態度並不完全一樣，而到頭來棄官的老臣只有褚遂良一人。趙氏認為廢后事件揭開了君相權力鬥爭的序幕，則無疑忽視了褚遂良的初次外放，以至許敬宗在永徽初年的同樣遭遇等事件；而後來的權力鬥爭，是否全是君相權之爭，亦是可以討論的。楊氏主張高宗處理本屬個人感糾葛的家事問題時，因李義府的介入而轉化為國事化處理，最後以李勣之言又復回到家事化處理方式來解決問題，更乘勢把事件擴大，作為清除反對派的藉口。不約而同地三位者學者均從皇帝與大臣間的角度去討論廢立事件，無疑是肯定高宗所扮演的主動角色。

不容否定，廢王立武是君權的一次勝利，也就是高宗本身的勝利。李治喜愛武則天的原因，後人只能猜測。美貌自是一點，尤其是男女之情能發揮的作用，不易估計。對世事的熟練和見識，也是另一可能。武則天個人在立后事件中無疑起了一些作用，試用財物爭取長孫無忌的支持，是其中較明顯例子。但她無疑只是配角，要說柳奭因為這個不知能否登上皇后位置的人而辭中書令職，難以令人置信；認為她的政治野心與才幹對長孫無忌的擅權造成了威脅，也屬誇張；否則，老臣們自當積極反對。總而言之，李治在廢立后事件

（二〇〇五年九月），頁九十三—九十六。

中的決定，與他在登基後一段時間中的表現，可以說基本上是一致的。他在朝廷用人，有本身一套方針，他也願意去運用他的權力，去追求他所喜歡的。且不論他是否明君，以為這段時期的高宗昏懦，卻似是無稽之論。

四、顯慶年間的唐高宗與武則天

武則天登上后座後，很快就在一些朝廷活動中表現自己。顯慶元年（六五六年），即她當上皇后次年三月，她便「祀先蠶於北郊」。[47]後來她至少在總章二年（六六九年）、咸亨五年（六七四年）和上元二年（六七五年）同月，再次行同樣典禮，可以看出她對此事的重視。唐朝過去的三個皇后似乎從沒有行過同禮記錄。但先蠶禮源於周制，隋亦有定制，非武后所創。用唐人的說法，「季春吉巳，祭先蠶於公桑，皇后親桑。」[48]、「季春吉巳，王后享先蠶。先蠶，天駟也。享先蠶而後躬桑，示率先天下也。」[49]武后的目的，

47 《舊唐書》，卷四，〈高宗紀上〉，頁七十五。
48 《舊唐書》，卷二十四，〈禮儀四〉，頁九一〇。
49 〔唐〕杜佑撰：《通典》，卷四十六，〈禮・六・先蠶〉，原注（北京：中華書局，一九八八），頁一二八八。

可能正是希望通過禮儀，「示率先天下」，以求取得稱職的名聲。她在顯慶元年九月所製的《外戚誡》，相信亦有同樣意圖，是她在前一年（即永徽六年（六五五年））三月尚為昭儀時著〈內訓〉一篇的翻版行為。這種現代稱為公共關係的手段在顯慶五年（六六一年）春高宗幸并州時又再次見到，當時：

> 皇帝宴親族鄰里故舊於朝堂，命婦婦人入會於內殿，及皇室諸親賜帛各有差，及從行文武五品以上。制以皇后故鄉并州長史、司馬各加勳級。又皇后親預會，每賜物一千段，期親五百段，大功已下及無服親、鄰里故舊有差。城內及諸婦女年八十已上，各版授郡君，仍賜物等。[50]

當時得賜物人數多少不詳，但看來並非少數。參考顯慶元年作為同中書門下三品、太子少師的崔敦禮逝世，陪葬昭陵時所得的絹布亦不過八百段[51]，可見武后對這次賞賜的重視程度。

50 《舊唐書》，卷四，〈高宗紀上〉，頁八十。
51 《舊唐書》，卷八十一，〈列傳第三十一・崔敦禮 盧承慶〉，頁二七四八；而崔敦禮卒年月見《舊唐書》，卷四，〈高宗紀上〉，頁七十六。

在廣結人緣之餘，武后又刻意提高本身社會地位。高宗幸并州時，武后父親繼去年三月獲配享高祖廟庭後，在唐室舊宅再次得配食，排名且在過去比他高的殷開山之上。[52]另一方面，其母楊氏在女兒得立為后的次月獲封代國夫人，顯慶五年十月，又改榮國夫人，這次是「品第一，位在王公母妻之上。」[53]〈舊紀〉又提及《姓氏錄》的編撰與武后有多少關係，但值得討論的是，歷年來雖有不少論者均認為武后是修訂《姓氏錄》的主要推動者，然而見於史籍上的有力證據，卻僅得《新唐書》卷二百二十三上〈李義府傳〉中的「時許敬宗以不載武后本望，義府亦恥先心世于見敘，更奏刪正」一句。[54]比較兩書，《新唐書》李義府和許敬宗傳所載獨有資料均不多，部份地方如李義府不憤高宗指責他未能好好管教兒子女婿，舊傳載高宗對他優容，新傳則謂高宗不悅，似有刪改痕跡，加上《新唐書》把許李二人視為奸臣，從二傳中亦可見編者對武后的敵視態度，故上引句是否史料原文又或是編者加筆，不無可疑地方。

52 《舊唐書》，卷四，〈高宗紀上〉，頁八十，又《冊府元龜》，卷三百〇三，〈外戚部・褒寵〉，頁三五七二，所載略同。

53 《舊唐書》，卷四，〈高宗紀上〉，頁八十一。

54 《新唐書》，卷二百二十三上，〈姦臣傳上〉，頁六三四一。《資治通鑑》，卷二百，〈唐紀十六〉，頁六三一五，所載略同。

傳統史籍多認為武則天的專擅與來濟、韓瑗和長孫無忌三人的慘淡下台有直接關係。先看韓瑗，《舊唐書》卷八十〈韓瑗傳〉直云：

> 顯慶二年，許敬宗、李義府希皇后之旨，誣奏瑗與褚遂良潛謀不軌，以桂州用武之地，故授遂良桂州刺史，實以為外援，於是更貶遂良為愛州刺史，左授韓瑗振州刺史。[55]

同書同卷〈來濟傳〉又云：「武皇后既立，濟等懼不自安，后乃抗表稱濟忠公，請加賞慰，而心實惡之。尋而許敬宗等奏濟與褚遂良朋黨構扇，左授台州刺史。」[56]這裡所記有關武后事，「抗表稱濟忠公」應屬事實，但說她「心實惡之」，儘管如是，史官亦當無從知道，從中可見執筆者對武后的偏見，至甚惡感，令人懷疑韓傳中所謂「希皇后之旨」，同樣可能是史官片面之詞。事實上，由於與長孫無忌的過節，李義府、許敬宗等人無疑視他為政敵，但因為他的特殊地位不易動搖，只好利用機會，把長孫系大臣逐出政壇。故此，儘管沒有武后在背後的主張，李義府等仍有充份的動機，自己上奏指責韓、來等人朋

55 《舊唐書》，卷八十，〈韓瑗傳〉，頁二七四二。

56 《舊唐書》，卷八十，〈來濟傳〉，頁二七四二—二七四三。

比為奸。從韓、來二人外放後，許敬宗即升為侍中事看，消除政敵帶給他們的好處是不言而喻的。《舊唐書・高宗本紀》在記載這些人事變動時，說韓、來二人左遷，是「救褚遂良之貶也」[57]，而許敬宗之為侍中，是「以立武后之功也」，無疑誇大皇后廢立的影響，許敬宗在立武后的永徽六年十二月獲「每日待詔」的恩寵[58]，可以說是他立功的直接報賞，而〈韓瑗傳〉中載韓瑗曾上疏為褚遂良諫，高宗雖不聽，但亦不許韓請歸田里的上表，可見高宗實有意把他留在朝廷。[59]故顯慶元年正月初封太子賓客時，韓瑗、來濟均有名，看來並非偶然。[60]二人後來外放，實由於其他原因多於有關廢立皇后的爭論。《資治通鑑》稱二人不僅貶官外放，更遭「終身不聽朝覲」的嚴厲處分[61]，可以估計，李義府等指控的是罪名得以成立。

可惜的是史載此事不詳，按一般慣例，朝廷應當特別委派高官組成審問團，值得注意長孫無忌在此一役中表現。據《新唐書》卷一百五十〈長孫無忌傳〉所載，韓瑗是他女

57 《舊唐書》，卷四，〈高宗紀上〉，頁七十七。
58 《舊唐書》，卷四，〈高宗紀上〉，頁七十五。
59 《資治通鑑》，卷二百，〈唐紀十六〉，頁六三〇〇，把此事記於顯慶元年，考《舊唐書》韓瑗傳，繫此事於褚遂良左授潭州都督後不久。然依《舊紀》所載，此事疑應在前一年，即永徽六年。
60 見《舊唐書》，卷四，〈高宗紀上〉，頁七十五。
61 《資治通鑑》，卷二百，〈唐紀十六〉，頁六三〇三。

婿，而沒有記錄指他曾替韓瑗辯護或求情。來濟出身揚州，但亦曾在長孫無忌領導下監修國史，無疑在政治上屬同一集團，他亦不應坐視不救。[62]長孫無忌的作為當然可能只是記錄不全之故，但不必懷疑，他縱然曾試圖努力拯救，結果未見功效。但與其說長孫無忌政治上影響力大降是因武后的得勢的關係，毋寧說高宗充分發揮君主的權勢更為貼切。韓、來二人外放的同時，已經貶官的褚遂良又再貶為愛州刺史，他可能也瞭解到長孫無忌業已日漸失勢，明白到這時欲再回中央的希望只能繫於皇帝，故此上表自陳，請求高宗顧念往昔之功，值得留意的是《新唐書》記此事後，卻馬上作出「帝昏懦，牽於武后，訖不省」的結論。[63]而《資治通鑑》稱高宗的反應是「不省」[64]，即完全不加察看。所以從韓、來二人獲罪一事來看，高宗無疑認定褚遂良對朝廷不軌，對他不是極度失望，便是痛恨於心。宋代史家把高宗不察上奏的責任推到武后身上，大概又是另一次子虛烏有之作。

高宗在朝廷手握大權的態勢，也可見於顯慶三年（六五八年）十一月他將杜正倫與李義府二人同時外貶一事上。杜正倫的官運可說在高宗朝迴光返照，他在太宗朝時，一度

62 唐高宗初年監修國史的有：長孫無忌（《舊唐書》，卷六十五，〈列傳第十五・長孫無忌〉，頁二四五四）、于志寧（《舊唐書》，卷七十八，〈列傳第二十四・于志寧〉，頁二六九七）、柳奭（《舊唐書》，卷七十七，〈列傳第二十七・柳奭〉，頁二六八二）、來濟、韓瑗和褚遂良等人。

63 《新唐書》，卷一百〇五，〈褚遂良傳〉，頁四〇二九。

64 《資治通鑑》，卷二百，〈唐紀十六〉，頁六三〇四。

任中書侍郎，後來以漏泄禁中語左遷，中段經歷不清，但顯慶元年三月，他卻從戶部侍郎改為黃門侍郎、兼崇賢館學士、進同中書門下三品，次年三月兼度支尚書，同九月又接替來濟的位置為兼中書令。[65]因為他自恃資歷老，看不起同時任中書令的李義府，於是「訟於上前，各有曲直。」高宗「以大臣不和，兩責之」把兩人雙雙外放。[66]李義府次年復歸朝廷，杜正倫則不久去世。李杜不和，說明了二人在政治上大概不屬同一集團，故如果我們把李義府看成所謂武后派成員的話，則不能不承認杜正倫亦可能代表了朝廷中另一股勢力。不管事實是否如此，二人的外放，卻清楚的表示了朝廷中主宰政局的仍然是高宗。否則武后是不會坐視不理的，更值得考慮的是李義府的冒起，其實是高宗一手做成，杜正倫在仕途上翻身亦不能否定得高宗再提拔的可能性。換言之，當時真正在政壇上可以呼風喚雨的，其實只是唐高宗李治。

且不管武后是否真正的幕後策劃，就高宗而論，或許他認為在政治上已經不必再倚靠長孫無忌了。無忌雖然是唐室姻親，但長孫皇后早去世，從高宗妹長樂公主的墓志看來，

---

65 杜正倫傳見《舊唐書》，卷七十，〈列傳第十六・杜正倫〉，頁二五四二－二五四三。在高宗朝官歷又參兩唐書高宗紀。《舊唐書・高宗紀上》載他在顯慶二年九月任中書令參他書或當補兼字。另外《資治通鑑》，卷二百，〈唐紀十六〉，頁六三〇五，日子作辛未，與許敬宗為侍中時間同，與兩唐書高宗紀略異。

66 參見《舊唐書》，卷八十二，〈李義府傳〉，頁二七六七。

公主沒有給長孫家留下一男半女，長孫氏的敗亡，並不會令李家有損分毫，高宗於是乘機借故，清除前朝遺老勢力，于志寧同時免職正是此故。《舊唐書》卷七十八〈于志寧傳〉暗示他的失勢也與廢后事有關，但傳中認為廢后時，「長孫無忌、褚遂良執正不從，李勣、許敬宗密申勸請」的筆法[67]，近乎言過其辭，故前述暗示不見得會是中肯說法。《資治通鑑》所載于志寧在廢后時中立不言的態度令武后不悅，大概亦本源於此。[68]總之，平情權衡當時各方的政治目標和立場，仔細考慮目前所見記載所隱藏的偏見，可能會得出與過去不同的看法，即在顯慶年間的政治鬥爭中，高宗應該比武后起了更重要的作用。

五、小結：武則天參政的背景

按照舊史說法，武則天的得勢，或者可以分為幾個階段：首階段起始是如《唐會要》卷三所記：

67 《舊唐書》，卷七十八，〈于志寧傳〉，頁二七〇〇。

68 《資治通鑑》，卷二百，〈唐紀十六〉，頁六三一二，記「及議廢王后，燕公于志寧中立不言，武后亦不悅。」

顯慶五年十月，上苦風眩，表奏時令皇后詳決，自此參預朝政幾三十年，當時畏威，稱為二聖。[69]

這裡所記，與《舊唐書・則天皇后紀》所記，「帝自顯慶已後，多苦風疾，百司表奏，皆委天后詳決，自此內輔國政數十年，威勢與帝無異，當時稱為二聖」[70]，並不完全相同。從前者所記高宗不適時間與武后參政日子長短均較確切一點來看，應較後者更接近原始記錄。我們甚至可以認為，後者所記中，多苦風疾的「多」，皆委天后的「皆」，可能是為後人妄加的斷語，《新唐書・則天皇后紀》便沿襲了「多苦風疾」一句，但述及奏事時，則謂「時時令后決之，常稱旨」[71]，較接近《唐會要》記錄。另外，《資治通鑑》的記錄則作：「上初苦風眩頭重，目不能視，百司奏事，上或使皇后決之。后性明敏，涉獵文史，處事皆稱旨。由是始委以政事，權與人主侔矣。」[72]言外之意，亦是高宗長期有風眩。考慮到《通鑑》的書法，所謂「目不能視」四字，或有可能不是一手史料，而是司馬

69 〔宋〕王溥：《唐會要》，卷三，〈皇后〉（臺北：世界書局，一九八二年），頁二十四。
70 《舊唐書》，卷六，〈則天皇后紀〉，頁一一五。
71 《新唐書》，卷四，〈則天皇后紀〉，頁八十一。
72 《資治通鑑》，卷二百，〈唐紀十六〉，頁六三二二。

光根據某些已經失傳記載的加筆。事實上，就史料所見，除了臨終時之前的一段時期外，高宗小病記錄，只有咸亨四年（六七三年）八月一次，當時高宗患了瘧疾，「令太子弘於延福殿內受諸司啟事」[73]，這樣或可理解為高宗身體狀況並不太差。另外，高宗曾在乾封二年（六六七年）九月和永隆二年（六八四年）閏七月，兩次以服餌為原因，令皇太子監國[74]，不過時間相信十分短。另外，咸亨二年（六七一年）正月因幸東都，儀鳳四年（六七九年）五月因不明原因，均分令太子賢國。[75]總之，武后得以參政，與其如舊史說是因高宗長期不適，以至不得不倚靠武后的必然結果，不如說是因高宗健康出現毛病，而使武后偶然得到的參政機會，似更為妥當。

武則天邁向權力中心的另一步，與誅上官儀事可以說有密切關係。《舊唐書》卷五〈高宗紀下〉上元二年三月條的說法是：「自誅上官儀後，上每視朝，天后垂簾於御後，政事大小皆預聞之。」[76]《新唐書》卷一百五〈上官儀傳〉更云：「由是天下之政歸於武后，而帝手矣。」[77]根據這裡的說法，上官儀是個忠臣，他的失勢由始至終均與武后有關。首先是武

73 《冊府元龜》，卷二百五十九，〈儲宮部・監國〉。
74 《冊府元龜》，卷二百五十九，〈儲宮部・監國〉，頁三〇七八—三〇七九。
75 《冊府元龜》，卷二百五十九，〈儲宮部・監國〉，頁三〇七八—三〇七九。
76 《舊唐書》，卷五，〈高宗紀下〉，頁一百。
77 《新唐書》，卷一百〇五，〈上官儀傳〉，頁四〇三五。

后好道術，上官儀建議廢后，後來是武后訴冤，高宗後悔，反指是上官儀教唆，最後是武后通過許敬宗下毒手。不過《舊唐書》卷八十〈上官儀傳〉卻完全沒有提到武后，只說上官儀貴顯後，恃才任勢，故為當代所嫉，結果被許敬宗冤枉他與梁王忠有陰謀，下獄而死，兩處所記，頗有差異。[78]《資治通鑑》則採納了《新唐書》所記。[79]參《冊府元龜》卷九百三十三所記，此事當出於國史，並非來於私史小說。[80]從武后日後所為來看，可以肯定道士出入後宮是應有其事，而高宗因這事而大怒以致廢后，亦是可以理解。因為厭勝之術是古代社會不容許的行為，武則天當年便曾以這個理由打擊王皇后而引起後宮鬥爭，故此這次武后亦知事情不妙，不得不向高宗「申訴」，亦即「解釋求情」之意。不過新書上官儀傳所載另一個廢后的原因，即「武后得志，遂牽制帝，專威福，帝不能堪」，則可能是歐陽修無甚根據的猜測和加筆，而《資治通鑑》所記武后「得志，專作威福，上欲有作為，動為后所制」，無非是把《新書》所述傳抄和進一步引申。高宗一時衝動，聽了上官儀之言，有意廢后，但冷靜下來，再加上武后的「感情牌」，最終反悔，亦不為奇。[81]事實上，上官儀在與高宗的密

78　《舊唐書》，卷八十，〈上官儀傳〉，頁二七四三－二七四四。
79　《資治通鑑》，卷二百〇一，〈唐紀十七〉，高宗麟德元年，頁六三四二。
80　《冊府元龜》，卷九百三十三，〈總錄部‧誣構二〉，頁一〇九九八。
81　蒙曼：《武則天》（桂林：廣西師範大學出版社，二〇〇八），頁一百－一〇四。

議中，大概有如《新唐書》本傳中所記，提出過廢后之議，但他是否說過「皇后專恣，海內失望」一類的話，多少有保留之處。《舊唐書》本傳記他恃才任勢，並不似是虛言，上官儀以文才自恃，與老一輩的才子許敬宗有所不和，並不難想像。他之所以膽敢向高宗建廢后之議，或可能是出於他的私心，希望藉此可以打擊和他同任宰相的許敬宗一派。而《冊府元龜》的記錄並未提及武后是許敬宗陷害上官儀的後台，但不管如何，從上官儀的失勢確實牽涉到一大班官員下台，這不是一場後宮鬥爭的延續，而是另一場朝廷掌權者的政治角力。[82]

由此看來，與其說武后是上官儀事件中的主角，不如說她尋找了一個政爭的藉口和理由，似更為接近事實。她的皇后寶座一度岌岌可危的經歷，相信是令她以後更積極參與前台政治的原因。誅上官儀事在麟德元年（六六四年），換言之，我們可以這樣理解，自顯慶以後到麟德以前的武則天，仍然未有「政事大小皆預聞之」的能耐，但誅上官儀後，她積極參預政事，經過約十年的歷練後，武則天先取得了「天后」封號，續而與高宗並稱「二聖」。如前引《唐會要》卷三和《舊唐書・則天皇后紀》中的「當時」都沒有明記日期，但《新唐書》紀則有更詳盡說法：「上元元年，高宗號天皇，皇后亦號天后，天下之

82 可參韓昇：〈上元年間的政局與武則天逼宮〉，載《史林》，期六（二〇〇三年），頁四十一－五十二。

人謂之『二聖』。」[83]應該指出，「二聖」稱號的出現，並不是高宗與則天所首創發明的，隋文帝與獨孤皇后便是先例。《隋書》卷三十六〈后妃傳〉便稱「（獨孤）后每與上言及政事，往往意合，宮中稱為二聖。」[84]《隋書》只謂「宮中」，而武則天的記錄則謂「內外」以至「天下之人」，事實大概亦是名號先流傳宮中，再由宮人傳出廷外。我們不能確定二聖稱號是褒詞又或貶詞，但考慮到公開對皇族不敬的可能性並不太高的因素，這個稱呼背後的意義或可不言而喻。

如果說武則天積極參政是她本身個性在當時的歷史條件下而出現的話，則其中一個客觀條件，無疑是李氏皇室的健康。不過論者每多提及高宗，而少顧及他的兒子。前面曾記咸亨四年高宗不豫時太子曾受諸司啟事，但太子身體比父親似乎更壞，他的肺癆病早在咸亨二年已令他在京師監國時不能親問政事，四年後更一病嗚呼。[85]正是在這種背景下，武則天得到機會發揮她的本領。

83 《新唐書》，卷四，〈則天皇后紀〉，頁八十一。
84 《隋書》，卷三十六，〈后妃傳〉，頁一一〇九。
85 梁恒唐：〈太子弘死於肺結核歐陽修冤枉武則天〉一文中力證太子李弘是死於肺結核病，而非《新唐書》所云是被則天所毒殺。載張玉良、胡戟主編：《武則天與乾陵》（西安：三秦出版社，一九八八），頁八九－九五。而孟憲實亦持相同意見，參氏著：《唐高宗的真相》，頁一九七－二〇二。

李氏皇室的健康，或許是武則天積極參政的誘因，但並不能說是決定性因素。武后能夠成為二聖，實在主要是拜李治之賜。武則天吸引李治之處，相信是感性多於理性。我們知道武氏入宮後不久即懷了高宗骨肉，卻沒有明顯地方看出這時她可以有甚麼機會表現她的治國能力。高宗發現武氏具備這方潛質，相信大概是在武氏有機會實際決定奏事以後，亦即是說，在顯慶末年又或麟德元年上官儀事件發生後。當時高宗已經當了皇帝十多年，雖然不能說他已經疲乏以至厭倦，但如果說沒有初登位時一般積極，也是可以理解的。例如龍朔三年（六六三年）二月，他雖然親自重審死囚，但卻出現了「不盡者令皇太子錄之」的現象。[86]同年十月，他又詔太子每五日於光順門內視諸司奏事。[87]這些都是給予皇太子熟習政事的機會，所以其他皇子沒有份兒。但咸亨二年六月，高宗在洛陽以旱親錄囚徒時，又出現令兒子李賢和李顯分慮諸司和洛州及兩縣囚的情形，這當然不能用以作為高宗疏於政事的證據，不過若認為類似的情形間中會出現在朝廷中，即武則天和諸皇子在慮囚事上一樣，擔起輔助甚或更重要角色，是完全可能的。就目前的記載所見，高宗直至去世前一年，差不多每年均有巡幸，可知身體並不太壞。要解釋武則天的積極參政，以高宗的健康為唯一理由，顯然說服力不足，必須同時注意到高宗的心態，始能找到較佳的解釋。

86 《舊唐書》，卷四，〈高宗紀上〉，頁八十四。
87 《資治通鑑》，卷二〇一，〈唐紀十七〉，頁六三三八。

政制篇

「後魏尤重門下官」說新探*

一、引言

唐代學者杜佑在《通典》卷二十一〈職官・宰相〉條中說：「後魏有大將軍，不置太尉；有丞相，不置司徒。自正光以後，始俱置之。然而尤重門下官，多以侍中輔政，則侍中為樞密之任。」[1]後世史家據此先後提出「後魏政歸門下」[2]、「後魏雖有丞相、司徒等官，而門下省獨膺鈞衡之寄，故侍中稱為宰相」[3]，「北魏以門下為核心的中

---

* 本文原刊《陝西師範大學學報（哲學社會科學版）》，第三十三卷第二期（二〇〇四年三月），頁八十三—八十七。

1 〔唐〕杜佑：《通典》，卷二十一，〈職官三・宰相〉（北京：中華書局，一九八八），頁一二〇。

2 萬蔚亭：《困學紀聞集證》，卷十三上，〈考史〉（臺北：臺灣書店，一九五一），頁三。

3 〔清〕紀昀：《歷代職官表》，卷二，〈內閣上〉（上海：上海古籍出版社，一九八九），頁三十三。

樞」[4]，「北朝門下省職較南朝尤重」[5]，「北朝門下省地位較南朝為重」[6]等說法。然而細閱《魏書》與《北史》等有關記載，發現杜佑所謂「尤重門下官，多以侍中輔政，則侍中為樞密之任」，只是籠統之說，「多以侍中輔政」並不等於「政歸門下」，亦難以理解為「門下省獨膺鈞衡之寄」、「門下省為核心的中樞」。因而以《通典》為代表的傳統說法，很有商榷的必要。

二、正光以前門下省的地位

現存史料中有不少記載說明，《通典》所云「尤重門下官，多以侍中輔政，則侍中為樞密之任」之說過於片面。

《資治通鑑》卷一百一十五東晉安帝義熙五年（四〇九年）十一月條載，北魏明元帝即位後，「詔長孫嵩與北新侯安同、山陽侯奚斤、白馬侯崔宏、元城侯拓跋屈等八人坐止

4 陳琳國：《魏晉南北朝政治制度研究》（臺北：文津出版社，一九九四），頁一一五－一四四。
5 曾資生：《中國政治制度史》（香港：龍門書店，一九六九），頁一九六。
6 白鋼、黃惠賢：《中國政治制度通史》（北京：人民出版社，一九九六），頁一一一－一一三。

車門右，共聽朝政，時人謂之八公」[7]。《魏書》卷一百一十三〈官氏志〉則稱之為「八大人官……總理萬機。故世號八公云」[8]。

長孫嵩等人是明元帝即位後所依靠的重要人物，他們是否都是出自門下呢？我們不妨先看看他們的居官經歷和政治背景：

崔　宏：明元帝即位後，始為門下省官，因拒絕接受清河王所送財帛，受到明元帝的器重。曾奉詔與長孫嵩等坐朝堂，決刑獄。神瑞初，「與南平公嵩等坐止車門右，聽理萬機事。」[9]

長孫嵩：道武帝時累立軍功。歷任冀州刺史、侍中、司徒、相州刺史等職，封南平公，所在著稱。「太宗（即明元帝）即位，與山陽侯奚斤、北新侯安同、白

---

7 東晉安帝義熙五年（四〇九年）十一月條，可參考〔宋〕司馬光：《資治通鑑》，卷一百一十五，〈晉紀三十七〉（北京：中華書局，一九八六），頁三六二四。《魏書》，卷二十五，〈長孫嵩傳〉所載：「太宗即位，（嵩）與山陽侯安同……侯崔宏等八人，坐止車門右，聽理萬機，故世號八安。」《魏書》缺元城侯拓跋屈，略有出入，可參考（北齊）魏收：《魏書》，卷二十五，〈長孫嵩傳〉（北京：中華書局，一九七四），頁六四三。《北史》〈長孫嵩傳〉所載與《魏書》同，亦無元城侯拓跋屈，可參考〔唐〕李延壽：《北史》，卷二十二，〈長孫嵩傳〉（北京：中華書局，一九七四），頁八〇五。

8 《魏書》，卷一百一十三，〈官氏志〉，頁二九七五。

9 《魏書》，卷二十四，〈崔玄伯傳〉，頁六二二。

馬侯崔宏等八人，坐止車門後，聽理萬機，故世號八公。」[10]

安　同：太祖（道武帝）時以謀功賜爵新侯，加安遠將軍。太宗即位後，曾「與南平公長孫嵩並理民訟」。又「與肥如侯賀護持節循察並定二州及諸山居雜帥、丁零，宣詔撫慰，問問其疾苦，糾舉守宰不法。」[11]

奚　斤：皇始初隨道武帝征中原，任征東長史，拜越騎校尉，典宿衛禁旅。其後「從征高車諸部，大破之。又破庫狄、宥許部，徙其別部諸落於塞南」。太宗即位，「以（奚）斤行左丞相……詔斤為先驅，討越勒部於鹿那山……又詔斤與長孫嵩等八人，坐止車門右，聽理萬機」。[12]

拓跋屈：太宗時居門下（省），出納詔命，賜爵元城侯，加功勞將軍，與南平公長孫嵩、白馬侯崔玄伯等並決獄訟。「太宗東巡，命屈行右丞相，山陽侯奚斤行左丞相，命掌軍國，甚有聲譽。」[13]

從上述五人的居官經歷和政治背景來看，長孫嵩、安同和奚斤等三人俱是武將出身，

---

10 《魏書》，卷二十五，〈長孫嵩傳〉，頁六四三。
11 《魏書》，卷三十，〈安同傳〉，頁七一三。
12 《北史》，卷二十，〈奚斤傳〉，頁七四七。
13 《魏書》，卷十四，〈神元平文諸帝子孫〉，頁三六四。

以軍功為明元帝所倚重。拓跋屈雖居於門下省，卻因為掌軍國之事，而獲得聲譽，相信亦有軍人的情景。餘下只得崔宏一人以「居門下」為主要職任。從此可以明確地看出，明元帝所倚重的是武人戰將，如此用人格局，則「尤重門下官，多以侍中輔政，則侍中為樞密之任」的局面，應未出現。

明元帝晚年曾詔皇太子臨朝聽政[14]，據《魏書・崔浩傳》記載，輔弼皇太子聽政的大臣計有：「司徒長孫嵩、山陽公奚斤、北新安公安同為左輔，坐東廂西面；（博士祭酒，襲白馬侯崔）浩與太尉穆觀、散騎常侍丘堆為右弼，坐西廂東面。百僚總己以聽焉。」[15]而當時奚斤仍然是行左丞相，安同的安遠將軍之職也未變，「六人輔相」中[16]，並無任何門下省官員，「尤重門下官」、「政歸門下」從何說起。

至太武帝在位時，曾「東征和龍，詔恭宗錄尚書事，西征涼州，詔恭宗監國。」[17]及後「車駕西討沮渠牧犍，侍中、直都王穆壽皇太子（即恭宗）決留台事」。[18]此事《魏

14 李憑：〈北魏明元帝以太子燾監國考〉，載《文史》，第三十八期（一九九四年），頁二九－四四。
15 《魏書》，卷三十五，〈崔浩傳〉，頁八一三。
16 《北史》，卷二十一，〈崔浩傳〉，頁七七七。
17 《魏書》，卷四下，〈恭宗紀〉，頁一〇七－一〇八。
18 《北史》，卷二，〈北魏太武帝紀〉，頁五十三。

書・穆壽傳》作：「輿駕征涼州，命壽輔恭帝，總錄要機，內外聽焉。」[19]這三條史料俱是記載太武帝離京前的人事安排。當中所謂「留台」即留守尚書台之意，是宰相機構在皇帝出征或出巡後，留守京師，處理全國日常事務時的做法。[20]這種稱呼早在西晉初年已如此，《晉書・惠帝紀》永興元年（三〇四年）十一月載：「僕射荀藩、司錄劉暾、太常鄭球、河南尹周馥與其遺官在洛陽，為留台，承制行事」[21]便屬此例。《魏書》稱穆壽是「決留台事」和「總錄要機」，基本上屬同一職務，也就是總錄留尚書台事務，與《恭宗紀》所述「恭宗錄尚書事」的情況相若。這反映出在北魏朝廷上最重要的官職應該是「錄尚書事」[22]。所以太武帝在出征時，由皇太子或親信重臣留守京師，任「錄尚書事」以「總錄要機」。由此可見太武帝時並非「政歸門下」。

這種情況，也可從《魏書》卷四下〈世祖紀〉太平真君五年（四四四年）正月條的記載中得到證實。〈世祖紀〉載：「皇太子始總百揆。侍中、中書監、宣都王穆壽，司徒、

19 《魏書》，卷二十七，〈穆崇傳〉，頁六六五。
20 祝總斌：《兩漢魏晉南北朝宰相制度研究》（北京：中國社會科學出版社，一九九〇），頁一七五—一八七。
21 〔唐〕房玄齡等：《晉書》，卷四，〈惠帝紀〉（北京：中華書局，一九八四），頁一〇四。
22 陳前進：〈試論北魏前期尚書制度的特點〉，載《重慶師範學院學報（哲學社會科學版）》，期二（一九八五年），頁六十八—七十一。

東郡公崔浩，侍中、廣平公張黎，侍中、建興公古弼，輔太子以決庶政。」[23]太武帝揀拔輔助皇太子決庶政的四人之中，崔浩是司徒，並非侍中；穆壽不僅是侍中，也就是中書監，只有張黎、古弼二人是專任的侍中；值得注意的是古弼卻於同年二月，遷尚書令後，即罷侍中。[24]這裡所載的輔政大臣，明顯地不單純是侍中。再者當時皇太子只是「副理萬機」[25]，並不是總理萬機。太武帝揀選崔、穆、古、張等四人的用意，是要他們輔助皇太子學習行使君權而已，故《魏書》本傳中也稱四人為「東宮四輔」[26]、「保傅東宮」[27]。總理萬機的仍是太武帝本人，因此即使不論崔浩及穆壽兩人的官職，也難以看出當時是「門下省獨膺鈞衡」。

正平二年（四五二年）三月，太武帝為中常侍宗愛所殺[28]，經過一連串的宮廷權力鬥

---

23 《魏書》，卷四下，〈世祖紀〉，頁九十六－九十七。

24 據萬斯同《魏將相大臣年表》，載《二十五史補編》所考，張黎與古弼二人於太平真君五年（四四四）是專任的侍中，而古弼更於同年二月遷任尚書令。可參考二十五史刊行委員會編：《二十五史補編》（北京：中華書局，一九五五），頁四四九六。

25 《魏書》，卷四下，〈世祖紀〉，頁九十六。

26 《魏書》，卷二十八，〈古弼傳〉，頁六九一。

27 《魏書》，卷二十八，〈張黎傳〉，頁六九一。

28 「（正平）二年（四五二年）拍，世祖暴崩，愛所殺也。」，載《魏書》，卷九十四，〈宗愛傳〉，頁二〇一二。又《北史》所載略同，可參考《北史》，卷二，〈北魏太武帝紀〉，頁六十五。

爭後[29]，「殿中尚書長孫渴侯與尚書陸麗迎立皇孫，是為高宗」[30]。（高宗）文成帝即位後，以長樂王壽樂「有援立之功」[31]，遂以「驃騎太將軍元壽樂為太宰、都督中外諸軍事錄尚書事；尚書長孫渴侯為尚書令，加儀同三司。」[32]拓跋壽樂與長孫渴侯均是擁立文成帝的功臣，而文成帝分別賜之「錄尚書事」及「尚書令」的職銜，而非門下省之官職（包括侍中、黃門侍郎或居門下），及後二人因爭權而被賜死，所爭者極有可能是尚書省掌控朝政的權力。此數事例，足以反映其時「錄尚書事」和「尚書令」的重要性，是在門下省官員之上。

和平六年（四六五年）四月，文成帝崩，六月獻文帝繼位，侍中、車騎大將軍乙渾矯詔殺眾大臣，專權並自封為「太尉、錄尚書事」[33]，繼續操控朝政。乙渾由侍中、車騎將軍進為太尉、錄尚書事專掌朝政，雖然他此舉有兼攬尚書省大權之意，但卻間接反映出尚書省有極大的權力，遠在門下省之上。獻文帝之後，繼位的孝文帝雖朝綱獨斷，亦擢用諸

29 李憑：〈北魏正平元年事變〉，載《晉陽學刊》，期六（一九八九年），頁五十八—六十六。
30 《魏書》，卷四下，〈世祖紀〉，頁一〇六。
31 《魏書》，卷十四，〈拓跋壽樂傳〉，頁三四六。
32 《魏書》，卷五，〈高祖紀〉，頁一一一。
33 《魏書》，卷六，〈顯祖紀〉，頁一二五。

弟和鮮卑、漢族大臣。[34]現存若干史料顯示孝文帝在決策過程中，頗為信任門下省官員。《魏書》卷六十四〈郭祚傳〉載：

> 高祖初，舉秀才，對策上第，拜中書博士，轉中書侍郎，遷尚書左丞，長兼給事黃門侍郎。祚清勤在公，夙夜匪懈，高祖甚知賞之。從高祖南征，及還，正黃門……遷散騎常侍，仍領黃門。是時高祖銳意典禮，兼銓鏡九流，又遷都草創，征討不息，內外規略，號為多事。祚與黃門宋弁參謀帷幄，隨其才用，各有委寄。[35]

又同書卷二十一〈彭城王勰傳〉載：

> 高祖草創，解侍中、將軍，拜光祿大夫。復除侍中，長直禁內，參決軍國大政，萬機之事，無不預焉。及車駕南伐，以勰行撫軍將軍，領宗子軍，宿衛左右。開建五等，食邑二千戶，轉中書令，侍中如故，改封彭城王……勰表解侍中……又除

34 張金龍：〈北魏孝文帝用人政策略論〉，載《蘭州大學學報（社會科學版）》，第二期（一九八五年），頁一五一－一五七。

35 《魏書》，卷六十四，〈郭祚傳〉，頁一四二一－一四二二。

中書監，侍中如故……高祖不豫，勰內侍醫藥，外總軍國之務，遐邇肅然，人無異議。[36]

又《北史》卷三十六〈薛聰傳〉載：

累遷直閣將軍，兼給事黃門侍郎、散騎常侍，直閤如故。聰深為孝文所知，外以德器遇之，內以心膂為寄。親衛禁兵，委總管領，故終太和之世，恒帶直閤將軍。群臣罷朝之後，聰恒陪侍帷幄，言兼晝夜，時政得失，預以謀謨，動輒匡諫，事多聽允，而重厚沈密，外莫窺其際。[37]

《魏書》卷六十七〈崔光傳〉載：

太和六年，拜中書博士，轉著伯郎，與秘書丞李彪參撰國書。遷中書侍郎、給事黃門侍郎，甚為高祖所知待……以參贊遷都之謀，賜爵朝陽子，拜散騎常侍、黃門、

36 《魏書》，卷二十一下，〈彭城王勰傳〉，頁五七一、五七二、五七四。
37 《北史》，卷三十六，〈薛聰傳〉，頁一三三三。

著作如故，又兼太子少傅。尋以本官兼侍中、使持節，為陝西大使，巡方省察……還，仍兼侍中，以謀謨之功，進爵為伯……雖處機近，曾不留心文案，唯從容論議，參贊大政而已……世宗即位，正除侍中。[38]

這幾條材料雖展示了侍中、給事黃門侍郎等門下省官員，因與孝文帝關係密切，常侍從左右，履行顧問應對的職責，因而對軍國大事的決策極有影響力；但是要注意的是，郭祚、拓跋勰、薛聰和崔光等俱非專任侍中或黃門侍郎，而各有兼職。

這樣又帶出一個問題，究竟孝文帝所重的是其人，還是其職？《魏書》卷五十三〈李沖傳〉，提供了重要的線索：

（高祖）車駕還都，引見（鎮南將軍、侍中、少傅李）沖等，謂之曰：「本所以多置官者，慮有令僕闇弱，百事稽壅，若明獨聰專，則權勢大併。今朕雖不為聰明，又不為劣闇，卿等不為大賢，亦不為大惡。且可一兩年許，少置官司。」……（沖）遷尚書僕射，仍領少傅……及太子恂廢，沖罷少傅。[39]

38 《魏書》，卷六十七，〈崔光傳〉，頁一四八七—一四八八。
39 《魏書》，卷五十三，〈李沖傳〉，頁一一八五。

孝文帝對時任鎮南將軍兼侍中的李沖表示，欲多置若干官職。但憂慮一旦尚書令、僕過於闇弱，則阻礙政事的推行；相反尚書令、僕「若明，則聽斷獨專；聰，則權勢大並」[40]，故缺而不除。這裡反映出孝文帝認為，尚書令、僕才是關係著國家治亂的主要官員。因此，尚書、僕的人選極為重要，不可隨便授人。這間接說明以侍中為首的門下省官員，難與尚書令、僕地位相提並論。最後，孝文帝授李沖尚書僕射，方感安心。[41]此外，李沖的侍中職位，一來任期相對地較他任職尚書省的時間為短，二則又非專任。[42]情況與前述郭祚、元勰、薛聰、崔光等數例相若。五人俱有才而獲孝文帝的重用，實難以據此斷言「尤重門下」。

40 〔宋〕王欽若編：《冊府元龜》，卷四十六，〈帝王部．智識〉（北京：中華書局，一九六〇），頁五二二。

41 吳少珉：〈北魏名臣李沖〉，載《史學月刊》，期四（一九八八年），頁十八。

42 「高祖初，以例遷秘書中散，典禁中文事，以修整敏惠，漸見寵。……遷中書令，加散騎常侍，給事中如故。尋遷南部尚書。……及改置百司、開建五等，以沖參定典式……拜廷尉卿。尋遷侍中，吏部尚書……高祖初謀南遷……尋以沖為鎮南將軍，侍中、少傅如故，委以營構之任。」得知李沖之任門下省之職，包括給事中、黃門侍郎、侍中等，由始至終都是兼任。可參考《魏書》，卷五十三，〈李沖傳〉，頁一一七九－一一八一、一一八三－一一八四。「孝文謂沖中書而不名之……累遷尚書僕射卒。」可知孝文帝亦不以李沖所兼侍中（或其他門下省官）為重。可參考《冊府元龜》，卷四百六十一，〈臺省部．寵異〉，頁五四八九。

孝文帝子宣武帝排斥宗室諸王[43]，寵信外戚高肇。[44]高肇「專權，與奪任己。」[45]考高肇先後歷任錄尚書事、尚書僕射、尚書令凡十餘年之久[46]，最後更進位司徒。從《魏書》卷八十三下〈高肇傳〉、《北史》卷八十〈高肇傳〉及萬斯同〈魏將相大臣年表〉來看，期間既沒有拜侍中，亦未曾兼（加）侍中之職，況且宣武帝死後，年幼的孝明帝繼位，即以「任城王澄明德茂親，可為尚書令，總攝百揆……以高肇為錄尚書事」[47]，說明所謂「政歸門下」等情況，亦難以在宣武帝一朝出現。

三、正光以後侍中的專權

到孝明帝正光年間，情況有所變化。表面看來，似出現杜佑所云「尤重門下官，多

43 可參王新年：〈宣武帝簡論〉，載《河洛春秋》，第四期（一九九一年）。

44 可參秦永州：〈北魏宣武帝用人方略一瞥〉，載《山東師範大學學報（哲學社會科學版）》，一九九一年（增刊）。

45 《魏書》，卷八十三下，〈高肇傳〉，頁一八三〇。

46 張金龍：〈高肇專政與北魏宣武帝時期統治集團的矛盾〉，載《蘭州大學學報（社會科學版）》，第三期（一九九二年），頁一一三、一一四、一一七。

47 《魏書》，卷三十一，〈于忠傳〉，頁七四二。

以侍中輔政，則侍中為樞密之任」的情況。先是侍中、領軍將軍于忠「既居門下，又總禁衛，遂秉朝政，權傾一時」[48]。又「矯詔殺（僕射）郭祚及尚書裴植，廢（太尉高陽王）雍歸第」，[49]自此之後，「詔命生殺，皆出于忠」[50]；繼而侍中元叉「與（中侍中）劉騰表裡擅權，叉為外禦，騰為內防，常直禁省，共裁刑賞，政無巨細，決於二人，威振內外，百僚重迹」[51]。雖云于忠和元叉俱以侍中身份掌朝政，而二人亦向被史家視為北魏門下省權重的例證。[52]但若細心分析，此二人專權的時間並不算長。關於于忠專權的情況，《魏書》卷九〈肅宗紀〉載：「延昌四年八月領軍于忠矯詔殺左僕射郭祚、尚書裴植，免太傅、領太尉、高陽王雍官，以王還弟。」[53]神龜元年（五一八年）三月「于忠薨」，其專權前後不到兩年半的時間。有關元叉專權的時間，《魏書》卷九〈肅宗紀〉所載：「正光元年七月，侍中元叉，中侍中劉騰矯皇太后詔」[54]可視作開端，而有關其失勢的經過，

48 《魏書》，卷三十一，〈于忠傳〉，頁七四三。
49 《魏書》，卷二十一上，〈高陽王雍傳〉，頁五五五。
50 《魏書》，卷三十一，〈于忠傳〉，頁七四三。
51 梁武帝普通元年，可參考《資治通鑑》，卷一百四十九，〈梁紀五〉，頁四六五八。
52 王惠巖、張創新：《中國政治制度史》（長春：吉林大學出版社，一九八九），頁二百。
53 《魏書》，卷九，〈肅宗紀〉，頁二二二。
54 《魏書》，卷九，〈肅宗紀〉，頁二三〇。

〈肅宗紀〉無載，而據同書卷十六〈元叉傳〉所載，直至：「正光五年秋……（肅宗）遂與（靈）太后密謀叉……乃以叉為驃騎大將軍、儀同三司、尚書令、侍中、領左右。叉雖去兵權，然總任內外，殊不慮有黜廢之理也。後叉出宿，遂解其侍中。旦欲入宮，明者不納。尋除名為民。」[55]元叉遭肅宗及靈太后聯手罷黜為止，前後掌權約五年的時間；于忠掌權前後約兩年半時間，元叉專權的時間雖較于忠長，但也不過是五年左右。二人共專政凡七年半，相對於北魏前期共八十多年的歷史而言，尚不到十分之一。[56]若據此而稱「後魏政歸門下」、「門下省獨膺鈞衡之寄」，則未免過於以偏蓋全。況且二人專權有其特殊的歷史背景。

于忠能夠專權，全仗宣武帝猝死事出突然，未有指定顧命、輔政大臣，而宣武帝生前最信任的尚書令高肇，又正領軍「大舉征蜀……世宗崩，赦罷征軍」[57]，其他宗室親貴又遭宣武的猜忌排斥，長期無從過問朝政。正是這多種因素湊在一起，使原先在禁中門下省值宿的侍中于忠，得以「夜中與侍中崔光遣右衛將軍侯剛迎肅宗於東宮而即位。」[58]而

55 《魏書》，卷十六，〈元叉傳〉，頁四〇六。

56 若以太武帝拓跋燾太延五年（四三九年）滅北涼，統一北方作為開始，迄孝明帝正光五年（五二四）為止，前後凡八十五年。

57 《魏書》，卷八十三下，〈高肇傳〉，頁一八三〇。

58 此據《魏書》，卷三十一，〈于忠傳〉，頁七四二。《北史》也有相關記載：「及帝崩夜，忠與侍中崔光

被擁位的孝明帝時年僅六歲，於是「忠與門下議，以肅宗幼年，未親機政；太尉、高陽王雍屬尊雍重，宜入豎柏堂，省決庶政；任城王澄明德茂親，可為尚書令，總攝百揆。奏宮中，請即敕授。」[59]表面上由元雍和元澄二人輔政，實則于忠以擁立之功，在禁中左右孩童皇帝，執掌大政。所以于忠以侍中身份掌控朝政，是有其特殊的歷史背景的。何況于、崔二人擁立孝明帝之後，還得表面上推出太尉高陽王雍省決庶政，及以任城王澄為尚書令，不敢朝綱獨斷，而要在幕後主政，這足以反映出單憑于、崔二人的侍中身份，尚不足以服眾，或是侍中一職根本無多大實權。此外，《資治通鑑》載宣武帝崩後：

（正月）高后欲殺胡貴嬪，中給事譙郡劉騰以告侯剛，剛以告于忠。忠問計於崔光，光使置貴嬪於別所，由是貴嬪深德四人……（二月）胡貴嬪為皇太妃。三月，甲辰朔，以高太后為尼，徙居金墉瑤光寺，非大節慶，不得入宮……尊胡太妃為皇

---

59 遣右衛將軍侯剛迎明帝於東宮而即位。」見《北史》，卷二十三，〈于忠傳〉，頁八四二。《魏書》卷六十七〈崔光傳〉作：「（延昌）四年正月，世宗夜崩。光與侍中、領軍將軍于忠迎肅宗於東宮，安撫內外。」所載大意相同。于忠、崔光二人能於夜中謀擁立新君，則間接說明當時于忠與崔光是宿值於禁中門下省之內。可參考《魏書》，卷六十七，〈崔光傳〉，頁一四九一。《魏書》，卷三十一，〈于忠傳〉，頁七四二。

太后，居崇訓宮。于忠領崇訓衛尉。[60]

最後胡太后得以「臨朝聽政……親覽萬機，手筆斷決」。[61]可見于忠的專權，與他支持胡太后有莫大關係。反過來說，他的專權也是得到胡太后的支持。總而言之，于忠的權力，純粹是從宮廷權力鬥爭中奪取過來，侍中的身分固然對他能取得權力、擁立新君帶來一定的方便，但只是一個重要因素，而不是決定性因素。因為當時任侍中者除于忠、崔光外，據《魏將相大臣年表》所載[62]，尚有元暉、游肇、穆紹等人。然而元、游、穆三人雖同俱侍中的身份，但未有參與擁立孝明帝和支持胡太后的活動[63]，便不能與于忠、崔光、劉騰和侯剛等人分享權力[64]，可見侍中一職，並不是從制度上成為于忠操控朝政的權力來源。

60 梁武帝天監十四年，可參考《資治通鑑》，卷一百四十八，〈梁紀四〉，頁四六一七。
61 《魏書》，卷十三，〈宣武靈皇后胡氏傳〉，頁三三八。
62 據萬斯同《魏將相大臣年表》，載《二十五史補編》所考北魏延昌四（五一五年）初，同任侍中者除崔、于外，尚有元暉、游肇、穆紹、宦官劉騰、侯剛等人，見二十五史刊行委員會編：《二十五史補編》，頁四五一二。而《魏書》卷十五〈元暉傳〉、卷五十五〈游肇傳〉、卷二十七〈穆紹傳〉所載並無提及世宗猝逝前後，元、游、穆三人所作何事。據此推論，則三人似未入值禁中，故無緣參與擁立之事。
63 梁武帝天監十四年，可參考《資治通鑑》，卷一百四十八，〈梁紀四〉，頁四六一一—四六四一。
64 鄭欽仁：《北魏官僚機構研究續編》（臺北：稻禾出版社，一九九五），頁一四九—一六七。

同樣元叉專權的情景與于忠相去不遠，也就是透過發動宮廷政變而奪取權力。首先是「靈太后（即胡太后）臨朝，以叉妹夫除通直散騎侍郎……尋遷侍中，餘官如故，加領軍將軍。既在門下，兼總禁兵，深為靈太后所信委。」[65]雖然如此，元叉仍無法操控朝政，因為「靈太后以（清河王太尉）懌肅宗懿叔，德先具瞻，委以朝政，事擬霍周。懌竭力匡輔，以天下為己任。」[66]在這種情況下，元叉根本是無可能染指最高權力的。但由於胡太后私通元懌之事為元叉等人所知悉，元叉與中侍中劉騰便利用侍中值宿禁中的機會，幽禁胡太后於北宮。又誣稱元懌謀篡逆[67]，令幼小的孝明帝治元懌死罪，並同意幽禁胡太后。[68]這次宮廷政變後，「叉遂與太師高陽王雍等輔政，常直禁中，肅宗呼為姨父。自后專綜機要，巨細決之，威振於內外，百僚重跡。」[69]以上數端在在說明元叉能專權，只因他是宮廷權力鬥爭的成功，而並不因為侍中是居於百官之上的宰執地位。

65 《魏書》，卷十六，〈元叉傳〉，頁四〇四。
66 《魏書》，卷二十二，〈清河王懌傳〉，頁五九二。
67 張金龍：〈靈太后與元叉政變〉，載《蘭州大學學報（社會科學版）》，第三期（一九九三年），頁九八。
68 《魏書》，卷十三，〈宣武靈皇后胡氏傳〉，頁三三九。
69 《魏書》，卷十六，〈元叉傳〉，頁四〇四。

四、小結

透過上述的分析，能得出兩點結論。第一，北魏正光年間以前，論地位門下省顯然不及尚書省的尊崇，論職權侍中亦遠在錄尚書事和尚書令、僕等尚書省長官之下。所以，舊史所云「後魏政歸門下」、「北魏以門下為核心的中樞」等論調，在孝明帝正光以前，實難以成立。第二，正光年間雖先後出現于忠和元叉以侍中身份居中用事，專掌朝政的情況，然而于、元二人能夠專權，與他們是宮廷政變的勝利者有莫大關係，屬特殊事例。更何況于、元二人通過宮廷政變上台後，表面上仍得推兩大宗室重臣主持局面，可見從制度而言，單憑侍中之位，尚難以朝綱獨斷。基此《通典》所述「自正光以後，……尤重門下官，多以侍中輔政，則侍中為樞密之任」[70]，只能視為因人而成事的異態，而絕非制度所使然的常態。

---

70 《通典》，卷二十一，〈職官三・宰相〉，頁一一二〇。

隋文帝與三省制發展關係初探*

引言

公元五八一年，身兼「都督內外諸軍事……假黃鉞左大丞相」[1]的北周皇朝太后父楊堅乘北周靜帝幼小，宗室宇文氏勢孤之際，「欺孤兒寡婦以得天下」[2]，最終從容塞奪北周政權，建立隋楊皇朝，改元開皇。」[3]對此清代史家趙翼在《廿二史札記》中有所論述：

* 本文原刊國立成功大學中文系編：《第四屆唐代文化學術研討會論文集》（台南：國立成功大學教務處出版組，一九九九），頁七九五—八一八。

1 （唐）魏徵等：《隋書》，卷一，〈高祖紀上〉（北京：中華書局，一九七三），頁三。

2 （唐）吳兢：《貞觀政要》，卷一，〈政體第二〉（上海：上海古籍出版社，一九七八），頁一五。

3 楊堅篡周立情向為史家所關注的問題，如：蘇慶彬認為漢人家族在北朝晚期漸得權勢的角度分析楊堅得國之背景原因，參氏著：〈元魏北齊北周政權下漢人勢力的推移〉，載《新亞學報》，第六卷第二期（一九

古來得天下之易，未有如隋文帝者，以婦翁之親，值周宣帝早殂，矯詔入輔，遂安坐而攘帝位。[4]

六四年），頁六十五—一六一；薩孟武亦認為楊堅能成就帝業，其「漢族而為胡人，華門而為武將」的特點，使他獲得北周政權內的胡漢文武大臣的信任，見氏著：《中國社會政治史》，第三冊（台北：三民書局，一九七二），頁四；仲偉烈則主張楊堅之能鑫奪北周政權，與其出身東漢以運的豪族背景有關，使之能分別獲得胡漢兩族所支持，詳參氏著：《隋文帝家世史料箋注稿》（台北：商務印書館，一九七三）；陳鴻彬撰文指出，楊堅除有善於結納北周政權內的胡漢家族的優點與及其個人的才能，北周的政治權力過度集中在君主手中，亦是重要的因素，由於周宣帝靜帝二人沒有妥善發揮皇權，乃使楊堅能從容進行篡奪陰謀，見氏著：〈從北周政權之本質試釋楊堅之得國〉，載《新亞書院歷史學系系刊》，第三期（一九七五年），頁十一—三十七；ARTHUR WRIGHT則認為隋文帝於宣帝暴卒以前，並無深思熟慮的籌量篡奪之舉，參A. F. Wright, *The Formation Of Sui Ideology, 581-640.* In J.K. Fairbank Ed.(1957).（中譯本：段昌國譯：〈隋代思想意識的形成〉，載段昌國等譯《中國思想與制度論集》（台北：聯經出版事業出版公司，一九七六），頁九十；ROBET M. SOMERS則更力主楊堅是在騎虎難下的形勢下，被其支持者及僚屬推上篡奪之位去的，見A.F. Wright, *The Sui Dynasty* (New York: Alfred A. Knopf. Inc., 1978),198. 而胡如雷在〈北周政局的演變與楊堅的以隋代周〉一文中持反對意見，胡氏認為北周皇族宇文氏的自殘，正好為楊堅的篡奪提供誘因，見氏著：〈北周政局的演變與楊堅的以隋代周〉，載《社會科學戰線》，第二期（一九九〇年），頁一六二—一七一；施建中則舉列眾多史料說明楊堅早在周宣帝時期，已萌「異志」圖謀取而代之，見氏著：《隋文帝評傳—治革隨時再統華夏英主》，第二章，〈輔國奪政〉（南寧：廣西教育出版社，一九九六），頁八—二十八。

4 〔清〕趙翼、王樹民校證：《廿二史箚記校證》，卷十五，〈隋文帝殺宇文氏子孫〉條（北京：中華書局，一九八四），頁三三二。

新的隋楊皇朝在政治上繼承了北周滅北齊，統一中國北方的餘威，開始部署南下滅陳，最終在開皇九年（五八九年）成功統一天下。[5]惟在典章制度上，隋文帝楊堅卻另有舉措。據《隋書》卷二十八〈百官下〉所載：

> 高祖（即：文帝）既受命，改（北）周之六官，其所制名，多依前代之法。置三師、三公及尚書、門下、內史、秘書、內侍等省。[6]

---

5 有關楊堅結束魏晉南北朝以來的分裂局面，重新統一天下的種種分析，可分別參看劉方雲：〈隋北方統一南方的原因淺探〉，載《中南民族學院學報（哲學社會科學版）》，期六（一九九六年），頁七九－八二、陳光崇：〈論隋文帝改革和統一的歷史功績〉，載《益陽師專學報》，期二（一九九六年），頁五〇－五三、胡如雷：〈隋朝統一新探〉，載《歷史研究》，期二（一九九六年），頁四六－五五、施建中：〈隋統一原因再探－兼論隋文帝平陳方略〉，載《北京師範大學學報（社會科學版）》，期二（一九八八年），頁二三－二九。

6 〔唐〕魏徵：《隋書》，卷二十八，〈百官下〉（北京：中華書局，一九七三），頁七七三。而《隋書》，卷一，〈高祖紀上〉，頁一三、〔唐〕李延壽：《北史》，卷十一，〈隋本紀上〉（北京：中華書局，一九七四），頁四〇三記作：「開皇元年春二月……（楊堅）即皇帝位於臨光殿，大赦，改元。……易《周氏》官儀，依漢、魏之舊。」、〔唐〕杜佑：《通典》，卷十九，〈職官一・歷代職官總序〉（北京：中華書局，一九八八），頁四七〇作：「隋文帝踐極，百度伊始，復廢周官，還依漢魏。」，所載略同。

《隋書》所謂的「前代之法」不太明確，宋代史家宋司馬光在《資治通鑑》解釋為「依漢、魏之舊」。[7]然而為什麼楊堅會棄「北周六官之制」，而復「漢魏之舊」？這可分別從「六官」制的內容缺失與楊堅個人考慮的兩角度來探討箇中原因。

一、隋文帝改制的原因分析

首先，在分析「北周六官」的內容是否有所不足以前，還得先行交待宇文泰改革北周官制的一段歷史。

西魏恭帝三年（五五六年）正月，立國於關中、隴右一帶，即昔日西周皇朝故地的西魏（後來的北周）皇朝在實質統治者大丞相、大冢宰、太師宇文泰的策動下進行了一次復古主義的官制改革。[8]有關這次改革的情況，傳世史籍史中以《周書》卷二〈帝紀第二·

7 〔宋〕司馬光撰、〔元〕胡三省注：《資治通鑑》，〈陳紀九‧宣帝太建十三年二月〉條（北京：中華書局，一九八六）所載為「〔隋〕少內史崔仲方勸隋主除周六官，依漢、魏之舊，從之。置三師、三公及尚書、門下、內史、祕書、內侍五省」。《資治通鑑》，卷一百七十五，〈陳紀九‧宣帝太建十三年二月〉條，頁五四三三。

8 有關宇文泰成建立與控制西魏、北周政權的過程，可參看張偉國：《關隴武將與周隋政權》，第二章，〈西魏北周的功臣集團〉（廣州：中山大學出版社，一九九三），頁二六—七二。

文帝下〉記載最為詳細，其云：

三年春正月丁丑，初行《周禮》，建六官。以太祖（按：即宇文泰）為太師、大冢宰，柱國李弼為太傅、大司徒，趙貴為太保、大宗伯，獨孤信為大司馬，于謹為大司寇，侯莫陳崇為大司空。初，太祖以漢魏官繁，思革前弊。大統中，乃命蘇綽、盧辯依周制改創其事，尋亦置六官卿官，然為撰次未成，眾務猶歸台閣。至是始畢，乃命行之。[9]

近代史家陳寅恪在其名著《隋唐制度淵源略論稿》中，指出宇文泰推行這次官制改革的作用是「文飾輔助其物質即整軍務農政策之進行外，更可以維繫其關隴轄境以內之胡

9 〔唐〕令狐德棻等：《周書》，卷一，〈帝紀第二・文帝下〉（北京：中華書局，一九七一），頁三六。而《北史》，卷九，〈周本紀上〉，頁三三〇的記載則是：「（西魏恭帝）三年正月丁丑，初行《周禮》，建六宮，魏帝進帝（即宇文泰）太師、大冢宰。帝以漢、魏宮繁，思革前弊，大統中，乃令蘇綽、盧辯依周制改創其事，尋亦置六卿官，然為撰次未成，眾務猶歸台閣。至是始畢，乃命行之。」《資治通鑑》，卷一百六十六，〈梁紀二十二・梁敬帝紹泰元年〉條，頁五一四〇更僅數語：「初魏太師、大冢宰（宇文）泰以漢、魏官繁，命蘇綽及尚書令盧辯依《周禮》更定六官。相比之下《北史》和《通鑑》的記載不及《周書》的詳細。

漢諸族之人心，……陽傳周禮經典制度之文，陰適關隴胡漢現狀之實」，[10]再加上改革「并非徒泥周官之舊文，實僅利用其名號，以暗合其當日現狀，故能收摹倣之功用，而少滯格不通之弊害」。[11]陳氏的評論，可謂說出了宇文泰進行官制改革的實質意義來。而有關這次改革的具體過過與詳細內容，「史雖具載，文多不錄」[12]，後人難以窺其全貌。僅《隋書》卷二十七〈百官中〉[13]、《周書》卷二十四〈盧辯傳〉[14]、《北史》卷三十〈盧辯傳〉[15]、《通典》卷三十九〈職官二十一〉[16]等列有其九命至一命之百官名號。改革後的北周職官系統，經史家王仲犖先生在《北周六典》一書內綜合排比，才逐漸明確「六官」的具體情況。就其職事觀察，宇文泰的改革，主要亦係模擬尚書令省之制度。如：天官大冢宰總司百官之政，實際相當尚書令、僕射等職。大司徒、大宗伯、大司馬、大司寇、大司空等五官，則分別相當於吏、禮、兵、刑、工等五部尚書。天司官會相當戶部尚

10 陳寅恪：《隋唐制度淵源略論稿》（上海：上海古籍出版社，一九八二），頁九一。
11 陳寅恪：《隋唐制度淵源略論稿》，頁九二。
12 《周書》，卷二十四，〈盧辯傳〉，頁四〇四。
13 可參《隋書》，卷二十七，〈百官志中〉，頁七七〇—七七一。
14 可參《周書》，卷二十四，〈盧辯傳〉，頁四〇五。
15 可參《北史》，卷三十，〈盧辯傳〉，頁一一〇一。
16 可參《通典》，卷三十九，〈職官二十一〉，頁一〇六四—一〇七二。

書。而御正、御伯則相當於侍中、黃門等內侍官員。春官內史相當中書監、令等。[17]但在實行「周禮六官」的同時，北周政權中仍保留著不少秦漢以來治用不替的舊官號，如：太師、太傅、太保、少師、少傅、少保等。[18]另外，有些軍職，如：驃騎大將軍、車騎大將軍、征東、征西、征南、征北、中軍、鎮軍、撫軍等將軍[19]；與地方官職，如：雍州牧、京兆尹等[20]，非用秦漢以來舊名職不能區別的。據此可知宇文泰責成蘇綽、盧辯二人摹仿《周官》之改制實非覆蓋整個原有的職官制度，而僅限於主要的中央文官而矣。故《通典》亦云：

> 後周之初雄關中，猶依魏制，及平江陵之後，別立憲章，酌周禮之文，建六官之職，其他官亦兼用秦、漢。（原注：他官，謂將軍、都督、刺史、太守之類。）[21]

---

17 有關宇文泰改革後的北周官制，詳參看王仲犖：《北周六典》（北京：中華書局，一九七九）。

18 詳見《通典》，卷三十九，〈職官二十一〉，頁一〇六四－一〇七二。

19 參《周書》，卷二十四，〈盧辯傳〉，頁四〇四、《北史》，卷三十，〈盧辯傳〉，頁一一〇一－一一〇四。

20 《周書》，卷二十四，〈盧辯傳〉，頁四〇四、《北史》，卷三十，〈盧辯傳〉，頁一一〇一－一一〇四。

21 《通典》，卷十九，〈職官一・歷代官制總序〉，頁四七〇。而《周書》，卷二十四，〈盧辯傳〉，頁四〇四、《北史》，卷三十，〈盧辯傳〉，頁一一〇一俱記作「于時雖行周禮，內外眾職，又兼用秦漢等官。」所載略同。

所以，儘管改革後的北周官制是新舊並用，古令雜糅，但作為官制改革核心的「六官」，畢竟局限性太大，難以單獨運作，正如杜佑在《通典》卷二十五〈職官七・總論諸卿〉所云：

> 魏晉以降，職制日增。後周依周禮置六官，而年代短促，人情相習已久，不能革其視聽。故隋氏復廢六官……[22]

再加上宇文泰的改革僅「出於一時之權宜，故創制未久，子孫已不能奉行，逐漸改移，還依漢魏之舊」[23]，文帝廢「六官」而復舊制，有其配合現實環境的需要的。

另一方面，由於宇文泰與蘇綽、盧辯的托古改制，其背後有著深層的政治意義。近人張偉國指出「托古改制的另一重要作用，是借改定官制排除西魏皇族及公卿的勢力，政權全歸宇文泰為首的北鎮武將集團。」[24]清代史家萬斯同曾考證出，托古改制以前，尚書令

---

22 《通典》，卷二十五，〈職官七・總論諸卿〉，頁六九一。

23 陳寅恪：《隋唐制度淵源略論稿》，頁九二。

24 張偉國：《關隴武將與周隋政權》，二章第四節，〈論蘇綽之「托古改制」〉（廣州：中山大學出版社，一九九三），頁七〇。

等中央重要職官，泰半由西魏皇族元氏諸王出任；實行六官以後，大冢宰及六官等新置要職，則俱由隨宇文泰入關的親信或其支持者的北鎮武將出任。[25]以「六官」凌駕「漢魏舊制」，在一定程度上成為了西魏北周政權更迭的政治象徵。再配合宇文泰在軍事上所推行的「柱國大將軍」制[26]，宇文泰最終能鼎移西魏政權。這樣一來「六官」之制，亦自然被視是後來北周宇文氏政權的代表。所以楊堅篡周立隋後，馬上廢極具政治代表意的「北周六官」不用，而復「前代之法」，「依漢、魏之舊」，除前述的實際運作需要外，政治象徵意義亦在其考慮之列，未可逆料。

---

25 可參看〔清〕萬斯同：《歷代史表》，四十一，〈西魏將相大臣年表〉（上海：商務印書館，叢書集成初編，一九三三年），頁八九一－九〇四。

26 有關柱國將軍與宇文泰開創北周皇朝的種種關係，可分別參毛漢光：〈西魏府兵史論〉，載《中央研究院歷史語言研究所集刊》，卷五八期三（一九八七年），後收入氏著：《中國中古政治史論》（台北：聯經出版事業公司，一九九〇），頁一六七－二八〇，毛氏主張柱國將軍是一項經宇文泰精心設計而且極具規模的「中央輻射設計」制度。呂振基：〈魏晉府兵制度幾個問題的再接討〉，載《新史學》，卷四期三（一九九九年），頁八一－一一〇，呂氏認為宇文泰自立西魏以來，一直在與東魏高氏政權抗爭，故於軍戎之事，十分重視，及後乃藉創建「柱國將軍」制度以重整軍隊，作為與東魏、南朝爭奪天下的軍事力量。黃永年：〈宇文泰所以建立八柱國制的一種推測〉，載《中國典籍與文化論叢》（北京：中華書局，一九九三），頁二四－五九。黃氏認為宇文泰是透過建立八柱國制，實行軍事統治，主宰西魏國政、張偉國：《關隴武將與周隋政權》，第二章第三節，〈「柱國大將軍」考辨〉，頁五〇－六二，張氏在文中指出柱國大將軍的設置，實有其政治背景，是宇文泰因應西魏政權末年以來政局的變化作出的相應措施，以鞏固其個人的統治基礎。

第二，文帝個人性格與現實政局兩方面考慮。隋文帝為人「刻薄沉猜」[27]，「性多忌剋」[28]，則防尤甚，連在篡周立隋過程中，頗有貢獻的若干佐命功臣亦不例外。所以「高祖佐命元功，鮮有終其天命，配享清廟，寂寞無聞」[29]，此足以反映文帝對臣下信任的程度是相當有限，難以容許臣下有位高權重者威脅其統治權威。[30]唐太宗便曾批評隋文帝是「多疑於物……恆恐群臣內懷不服，不肯信任百司」。[31]仁壽年間，文帝對左僕射楊

---

27 《隋書》，卷四十，〈元胄傳・史臣曰〉，頁一一七八。而司馬光在《資治通鑑》載亦稱隋文帝為人「性猜忌，不悅學」《資治通鑑》，卷一百七十七，〈隋紀一・開皇十年〉，頁五五二八。有關隋文帝楊堅的性格探討，可參湯承業：《隋文帝政治事功之研究》（台北：商務印書館，一九六七）、施建中：《隋文帝評傳─治革隨時再統華夏英主》，第七章，〈矛盾的性格〉，頁一一八─一三八，俱有頗詳細透徹的分析，可供參考。

28 《隋書》，卷六十六，〈房彥謙傳〉，頁一五六六。有關隋文帝猜忌臣下的例子，《隋書》之中，俯拾皆是，今舉數例以明之，如：梁睿「威儀兼著，民夷悅服，聲望逾重，高祖陰憚之」《隋書》，卷三十七，〈梁睿傳〉，頁一一二七、觀德王楊雄「雄寬容下士，朝野傾矚。高祖惡其得眾，陰忌之」《隋書》，卷四十三，〈觀德王雄傳〉，頁一二一六、宇文忻「忻既佐命功臣，頻經將領，有威名於當世。上（文帝）由是微忌焉，以譴去官」《隋書》，卷四十，〈宇文忻傳〉，頁一一六七。

29 《隋書》，卷四十，〈元胄傳・史臣曰〉，頁一一七六。

30 孫緒秀、賴紅衛：〈隋文帝的用人政策〉，載《山東大學學報（學社會科學版）》，期四（一九九六年），頁八八─九〇，指出隋文帝用人之時，是不容許臣下有威脅其統治地位的情況出現，最具代表性的例子便是高熲因與太子楊勇交往過密而遭文帝罷馳。

31 《貞觀政要》，卷一，〈政體第二〉，頁一五。（後晉）劉昫等撰：《舊唐書》，卷三，〈太宗本紀下〉

素的態度，「（楊）素作威作福，上漸疏惡之，後因出敕曰：『僕射國之宰輔，不可躬親細務，但三五日一度向省，評論大事。』外示優崇，實奪之權也」[32]，便是歷代史家向來論證文帝不信任臣僚的最佳例子。這或與楊堅是以大丞相、大冢宰的身份而取代北周宇文氏的天下，成為新的統治者有所關係。據《隋書》的記載楊堅為左大丞相時「百官總己而聽焉」[33]，周宣帝暴卒後，鄭譯、劉昉「以高祖（楊堅）皇后父，眾望所歸，遂矯詔引高祖入總朝政」[34]，繼而又「欲授高祖冢宰，鄭譯自攝大司馬，劉昉又求小冢宰。」[35]

（北京：中華書局，一九八六），頁四〇記為：「（文帝）多疑於物，自以欺孤寡得之，謂群下不可信任」及《資治通鑑》，卷一百九十三，〈貞觀四年〉七月條，頁六〇八〇作：「（文帝）多疑於物，事皆自決，不任群臣」，所載略同。

32 《隋書》，卷四十八，〈楊素傳〉，頁一二八八。

33 《隋書》，卷一，〈帝紀一・高祖上〉，頁三、《周書》，卷十一，〈隋紀上〉，頁四〇〇，所載同。而《資治通鑑》，卷一百七十四，〈陳紀八太建十二年〉，頁五四一〇。記為：「以漢王（宇文）贊為上柱國、右大丞相，尊以以虛名，實無綜理。以楊堅為假黃鉞、左大丞相，……百官總己以聽於左丞相。」〔宋〕王欽若等編：《冊府元龜》，卷七十二，〈帝王部・命相二〉，（北京：中華書局，一九六〇），頁八一九，則作：「靜帝即位初，以漢王贊為右大丞相，陪國公楊堅為左大相，帝居諒闇，百官總己以聽於左丞相。」

34 《隋書》，卷一，〈高祖本紀上〉，頁三，《冊府元龜》，卷七，〈帝王部・創業三〉，頁七三，所載同。而《資治通鑑》，卷一百七十四，〈陳宣帝・太建十二年〉，頁五四〇九：「是日帝（周宣帝）殂，祕不發喪，（劉）昉、（鄭）譯矯詔以（楊）堅總知中外兵馬事。」所載略異。

35 《隋書》，卷四十二，〈李德林傳〉，頁一一九八。

就此謀臣李德林建議楊堅「即宜作大丞相，假黃鉞，都督內外諸軍事。不爾，無以壓眾心。」[36]楊堅接納其意見，「周帝詔授高祖大丞相，罷左右丞相之官」。[37]後來胡三省在《通鑑》注中指出「如昉、譯之言，大冢宰雖六官之長，然猶與諸公等夷。德林所言，則宇文泰所以輔魏者也。」[38]眾所周知，昔日宇文泰雖未移西魏國鼎，亦曾以大丞相、大冢宰的身份[39]，主宰西魏國政凡廿餘載之久[40]，泰卒後其子覺更馬上篡奪西魏國祚。而與宇文泰相攻不已的高歡也是以「大丞相、柱國大將、太師」[41]的身份，控制東魏皇朝，其子

36 《隋書》，卷四十二，〈李德林傳〉，頁一一九九。
37 《冊府元龜》，卷七，〈帝王部・創業三〉，頁七四。高洋任丞相的記載見《北齊書》，卷四，〈帝紀第四・文宣〉，（北京：中華書局，一九七二），頁四四。《北史》，卷七，〈齊本紀下〉，頁二四四，所載同。
38 《資治通鑑》，卷一百七十四，〈陳紀八・宣帝・太建十二年〉，頁五四一一。
39 可參《周書》，卷二，〈帝紀二・文帝下〉、《北史》，卷九，〈周本紀上〉，頁三四三、《冊府元龜》，卷七十二，〈帝王部・命相二〉，頁八一八等。
40 具體可參看王仲犖：《魏晉南北朝史》，第七章第五節，〈西魏與北周治政、北周王朝的建立〉（上海：上海人民出版社，一九八〇），頁六〇二－六〇六。
41 可分別參〔唐〕李百藥：《北齊書》，卷一，〈帝紀一・神武上〉，頁七。又《北史》，卷六，〈齊本紀上〉，頁二一六、《冊府元龜》，卷七十二，〈帝王部・命相二〉，頁八一八等，所載同。

高澄[42]、高洋[43]亦是先就大丞相（丞相）之職，然後方行篡代之事。循此可知在東魏北齊、西魏北周期，大丞相已成為權臣篡奪朝綱以前所把持的重要職位，亦足以反映大丞相握有主宰朝政的一切大權，任此職的方為真正的統治者，前述的宇文泰、高歡、高洋等莫不如此。而楊堅亦是以大丞相進行篡奪，自然明白到不對原有職官制度加以變更，勢必對新皇朝的統治構成潛在危險。故「隋文帝在建國的當年，即廢除了北周官制，從現實的政治需要出發……進行了政權機構的改革」。[44]在實際措施上，隋文帝當然不會再以國政獨賦一人，所謂「隋自文帝受禪後，不復有丞相府，亦無官屬」[45]便是這樣的意思，乃更以一套職權分散的職官制度，「實行以三省制為核心的職官制度」[46]，故湯承業先生所說：

42 高澄任大丞相的記載見《北齊書》，卷三，〈帝紀第三‧文襄〉，頁三三。又《北史》，卷六，〈齊本紀上〉，頁二三三，所載同。

43 高洋任丞相的記載見《北齊書》，卷四，〈帝紀第四‧文宣〉，頁四四。《北史》，卷七，〈齊本紀下〉，頁二四四，所載同。

44 沙憲如：〈隋文帝吏治述評〉，載《遼寧師範大學學報（社會科學版）》，期四（一九八四年），頁六三－六八。

45 《資治通鑑》，卷一百八十四，〈隋紀八‧恭帝義寧元年十一月〉丙寅條，頁五七六五。

46 陳仲安、王素：《漢唐職官制度究研》，第一章第五節，〈一、隋及唐前期三省制的完成〉（北京：中華書局，一九九三），頁八八。

「隋文帝不信任大臣，宰相之職乃分由多人行之，此固為其行三省制之動機。」[47]亦不無理道，王霜媚更認為「隋（文帝）盡革周制，復漢魏之舊，……行政系統以三省六部為主，……實與其君權擴張政策有極密切關係。」[48]

然而這時的三省制，經過魏晉南北朝三百六十多年的發展，雖已規模粗具[49]，但隋文帝的改變乃「不過整理三省內部的組織而已。」[50]惟從整體三省制發展歷史而言，楊堅的重新整頓工作，雖然「不過是在取得全國統一以後，將這一制度（三省六部），完善化而已」[51]，卻能上承魏晉之舊，下啟唐制之先，影響至為深遠。

---

47 湯承業：《隋文帝政治事功之研究》，頁一二七。

48 王霜媚：〈隋朝前期政治的演變〉，載《東海大學歷史學報》，期四（一九八一年），頁一三一二四。

49 有關魏晉時期三省制度的具體發展，可參看王素：《三省制略論》（濟南：齊魯出版社，一九八六），頁一二三一一六三、陳啟雲：〈兩晉三省制之淵源、特色及其演變〉，載《新亞學報》，卷四期一（一九五七年），頁九九一二二九、楊友庭：〈三省六部制的形成及其在唐代的變化〉，載《廈門大學學報（哲學社會科學版）》，期一（一九八三年），頁六四一七三、韓國磐：〈略論自漢至唐三省六部制的形成〉，載《廈門大學學報（哲學社會科學版）》，期三（一九八八年），頁九三一一〇五等。

50 周道濟撰：《漢唐宰相制度》，〈緒論〉第三節，〈漢唐相制在我國相制中的地位〉（台北：大化書局，一九七八），頁四。

51 陳滿光：〈論三省六部形制成於兩晉南朝時期〉，載《河北學刊》，期六（一九九六年），頁八七一九二。

二、隋文帝對漢魏舊制的沿襲並調整

隋文帝楊堅即位後，少內史崔仲方「勸上除六官，請依漢、魏之舊。上皆從之。」[52]而所謂「漢、魏之舊」，據《隋書》卷二十八〈志第二十三・百官下〉所載是：「置三師、三公及尚書、門下、內史、秘書、內侍等省，朝之眾務，總歸於台閣」。[53]現循《隋書・百官志》的記載來探討文帝如何：（一）依漢、魏之舊之餘；（二）而又開隋唐三省制之先。

（一）首先在沿襲舊制上

隋文帝楊堅參照前朝舊制，保留了漢、魏以來的三師、三公之職，據《唐六典》卷一〈三師、三公〉所載：

52 《隋書》，卷六十，〈崔仲方傳〉，頁一四四八。

53 《隋書》，卷二十八，〈志第二十三・百官下〉，頁七七三。又《通典》，卷二十，〈職官二〉，頁五二五作：「隋三師亦不見屬官。而三公依北齊置府僚，後省府及僚佐。置公則坐於尚書都省。朝之眾務，總歸於台閣。」略同。

太師……太傅……太保正一品（原注：……後魏太師、太傅、太保尊號曰「三師」，後周又為三公。隋氏又為三師，皇朝因之。）三師，訓導之官也……漢哀、平間，始尊師傅之位在三公之上……其後或置廢，大抵無所職統。至後魏，特稱三師，以正其名，然非道德崇重則不居其位，無其人則闕，近代多以贈官。皇朝因之……但存其名耳。太尉……司徒……司空一人，正一品。三公，論道之官也。……然漢周以來，代存其在。自隋文帝罷三公府僚，皇朝因之……亦但存名位耳。[54]

54 〔唐〕李林甫：《唐六典》，卷一，〈三師、三公〉（北京：中華書局，一九九二），頁二－五。而據《初學記》，卷十一，〈職官部上・太師太傅太保第一〉，頁二五一二，載：「太師太傅太保，皆古官也。……後魏尊師傅保為三師。……隋初又為三師，煬帝廢之。自漢魏已來，皆開府寮屬，至隋省寮屬。」《通典》，卷二十，〈職官二・三師〉，頁五〇八，載：「隋置三師，不主事，不置府僚，但與天子坐而論道。置太尉、司徒、司空，以為三公，參議國之大事，依北齊置府僚，無其人則闕。……其位多曠，皆攝行事。尋省府及僚佐。」從上述的描述可得知，隋代三師三公之官，乃自魏晉舊制而來。而具體魏晉南北朝三師、三公制度的發展研究，可參看祝總斌：《兩漢魏晉南北朝宰相制度研究》，第六章，〈魏晉的三公、尚書〉（北京：中國社會科學出版社，一九九〇）、祝總斌：《兩漢魏晉南北朝宰相制度研究》，第七章，〈南北朝的三公、尚書〉，頁一四二－二五一。祝氏認為魏晉時期內的三師、三公已向完全不與政事的尊崇之位過渡，至日後隋唐時期的三師、三公為純粹的尊寵之位。

可知隋代的三師[55]、三公[56]是繼承漢魏舊制所保存下來，但卻不常以授人，文無衙僚佐，僅為優崇之位，屬位高而無實質職權的榮譽性職銜。[57]事實上，早在三國曹魏之時，三師、三公等已不處理具體事務了，陳壽在〈三國志〉亦早已指出：「魏初，三公無事，希與朝政」。[58]所以，文帝也是沿襲前朝舊例而矣。

另外，在曹魏之世，皇朝政務已經是「事統歸台閣」[59]，三國時期，尚書台已成為綜

---

55 據《隋書》，卷二十八，〈百官下〉，頁七九三：「煬帝即位，……三年，罷諸總管，廢三師……」、《通典》，卷二十，〈職官二〉，頁五〇九：「煬帝即位，廢三師官。」知隋代三師之職，文帝時置至煬帝大業年間乃罷。

56 據《文獻通考》〈職官三〉所述：「自後漢時雖置三公，而事歸台閣。尚書始為機衡之任。然當時尚書不過預聞國政，未嘗盡奪三公之權也。至魏晉以來，中書、尚書之官始為真宰相，而三公遂為具員。」隋代三公之設置亦屬榮譽性質的虛銜而已。〔元〕馬端臨：《文獻通考》，卷四十九，〈職官三〉（北京：中華書局，一九八六），頁四五〇。

57 有關魏晉南北朝時期，三公與三省的具體權力過渡研究，可參王惠岩、張創新：《中國政治制度史》上，第八章第二節，〈一、三公職權旁落，三省制逐漸形成〉（長春：吉林大學出版社，一九八九），頁一九三－一九九。

58 （晉）陳壽：《三國志》，卷二十四〈魏書・高柔傳〉（北京：中華書局，一九五九），頁六八五。

59 《三國志》，卷二十二，〈魏書・桓階傳・評曰〉，頁六五三。

管國政的最高機關[60]，而「錄尚書，……自魏晉以後，亦公卿權重者為之」[61]。故隋志所謂「朝之眾務，總歸於台閣」是有其歷史淵源的，決非文帝首創。所謂「事統歸台閣」應如何理解？可借杜佑在《通典》內的說法，作為注腳，其云：「魏晉以下，任總機衡，事無大小，咸歸（尚書）令僕」[62]。到兩晉時，「事歸台閣」的情況並無改變，西晉初的荀勖在其文集中云：「昔六官分掌，冢宰為首，秦漢公卿贊，以丞相、御史為冠。今者，尚書令總此三者。」[63]東晉的情況，據《太平御覽》卷二百一十二〈職官部十・總敘尚書〉引《晉康帝起居注》所載：「詔曰：尚書萬事之本，朕所責成也。」[64]亦無太多的改

60 尚書在漢代本為皇帝的祕書機構，但自魏起，已成國家機關，《三國志》記載：「明帝即位，……車駕嘗卒至尚書門，矯跪問帝曰：『陛下欲何之？』帝曰：『欲案行文書耳。』矯曰：『此自臣職分，非陛下所宜臨也。若臣不稱其職，則請就黜退。陛下宜還。』帝慚，回車而反。」可見至在三國魏晉時期，尚書省已是主國家機務的主要官署。參見《三國志》，卷二十二，〈陳矯傳〉，頁六四四。

61 〔唐〕房玄齡等撰：《晉書》，卷二十四，〈職官〉（北京：中華書局，一九七四），頁七三〇。而《通典》，卷二十二，〈職官三・錄尚書事〉，頁五九一作「錄尚書事，位在三公上，漢制遂以為常。……自魏晉以後，亦公卿權重者為之，職無不總。」，杜佑更認為魏晉時，錄尚書事具有「職無不總」的職權。

62 《通典》，卷二十二，〈職官四〉，頁五九三。

63 〔唐〕虞世南續：《北堂書鈔》，卷五十九，〈設官部十一・尚書令七十二〉，引《荀勖集》（北京：中國書店，一九八九），頁一九六。

64 〔宋〕王欽若：《太平御覽》，卷二百一十二，〈職官部十・總敘尚書〉，引《晉康帝起居注》（北京：中華書局，一九六〇），頁一〇一五。而《北堂書鈔》〈設官部十一・尚書總七十〉作「建元二年（按：

變。南朝宋齊梁陳四朝，尚書台、省[65]一直被視為政本，而錄尚書事、尚書令、僕射等職也是公認的宰相。[66]今引諸部史籍所載以論述之，如：劉宋時期，孝武帝劉駿於孝建元年（四五四年）下詔時仍稱：「尚書百官之元本，庶績之樞機，丞郎列曹局司有在，而頃事

建元是東晉康帝年號，公元三四四年）詔曰：尚書萬事之本，朕所責成也。……」，稍有出入。〔唐〕虞世南編著：《北堂書鈔》，卷五十九，〈設官部十一・尚書總七十〉引《晉起居注》（北京：中國書店，一九八九），頁一九五。

65 有關尚書台、省的發展，史籍所載，每有出入，莫衷是一，如：《初學記》卷十一，〈尚書令第三〉（北京：中華書局，一九六二），頁二五九記為：「《齊職儀》云，魏晉宋齊並曰尚書台。《五代史志》云，梁陳後魏北齊隋則曰尚書省。」徐堅認為尚書由台改稱為省，始於梁朝。《唐六典》，卷一〈尚書都省〉，頁五八八：「後漢尚書稱台，魏、晉以來為省……」主魏晉是台省交換的時期。《通典》，卷二十二〈職官四〉，頁五八八載：「宋曰尚書寺，居建禮門內，亦曰尚書省。」、則云劉宋時期才是名稱的變更時期。而近人陳琳國：《魏晉南北朝政治制度研究》，第一章第四節，〈一、從尚書台到尚書省〉（台北：文津出版社，一九九四），頁三三—三六，中有詳細的分析，可資參考。

66 有關魏晉南北朝時期尚書台、省及令、僕的地位研究，可分別參看祝總斌著：《兩漢魏晉南北朝宰相制度研究》，第六章，〈魏晉的三公、尚書〉（北京：中國社會科學出版社，一九九〇），頁一四二—二五一、可分別參看祝總斌著：《兩漢魏晉南北朝宰相制度研究》，第七章，〈南北朝的三公、尚書〉，頁一四二—二五一。陳琳國：《魏晉南北朝政治制度研究》，第二章第三節，〈尚書省的地位陵替〉（台北：文津出版社，一九九四），頁七七—九四。祝、陳皆認為在魏晉南北朝時期，尚書省才是主政機構，其長官錄尚書事、尚書令、僕等均為宰相之職。

無巨細，悉歸令僕」[67]，故《宋書》卷三十九〈百宮上〉云：「尚書令，任總機衡」[68]；南齊時期，齊高帝蕭道成於建元四年（四八二年）遺詔進尚書令褚淵為錄尚書事，時王儉議曰「……尚書職居天官，政化之本，故尚書令品雖第三，必拜有策。錄尚書品秩不見，而總任彌重……」[69]；梁朝時期，「尚書掌出納王命、敷奏萬機」[70]，而陳朝則「承梁，皆循其制官」。[71]據此清人紀昀在《歷代職官表》卷二中，將魏晉時期尚書省的發展總結為：「宋、齊而降，相國、丞相既不常置，三公亦僅擁虛名。惟尚書任總機衡，為宰相之職，故當時稱尚書令、僕曰朝端，又曰端右，胡三省通鑑注謂位居朝臣之右是也。」[72]而北朝的情況亦相類，尚書省總攬國政[73]，如《魏書》卷二十一上〈廣陵王羽傳〉記北魏高祖即北魏孝文帝、對諸尚書云：「然尚書之任，樞機是司，豈惟總括百揆，緝和人務而

67 （梁）沈約撰：《宋書》，卷六，〈孝武帝本紀〉（北京：中華書局，一九七四），頁一一四。
68 《宋書》，卷三十九，〈百官上〉，頁一二三五。
69 （梁）蕭子顯撰：《南齊書》，卷二十三，〈褚淵傳〉，（北京：中華書局，一九七二），頁四二九。而《冊府元龜》，卷四百七十一，〈台省部・奏議二〉，頁五六一九，所載略同。
70 《隋書》，卷二十六，〈志第二十一・百官上〉，頁七二一。
71 《隋書》，卷二十六，〈志第二十一・百官上〉，頁七四一。
72 （清）紀昀撰：《歷代職官表》，卷二，〈內閣上〉（上海：上海古籍出版社，一九八九），頁五〇。
73 可參看陳琳國：《魏晉南北朝政治制度研究》，第三章第二節，〈三、尚書省點的特點〉，頁一三二—一四四。

已，朕之得失，實在於斯。」[74]所以孝文帝「慮有（尚書）令、僕闇弱，百事稽壅」[75]，此足以反映北魏時期的尚書省是「總攝百揆，為朝政所寄」[76]。又如《北齊書》卷三十九〈祖珽傳〉載珽拜為尚書左僕射後「勢傾朝野」。（左丞相）斛律光甚惡之……常謂諸將云：「邊境消息，處分兵馬，趙令（即前任尚書令趙彥琛）嘗與吾等參論之。盲人（按：指當時已經目盲失明的祖珽）掌機密來，全不共我輩語，止恐誤國家他事。」[77]這條史料反出映北齊時期，國家大政是握在尚書令、僕手中，斛律光雖是左丞相，起初是在尚書令趙彥琛的批許下，才得參論政事，及後當新任尚書左僕射祖珽不找他參論，便不預朝政了。上述史事均是北魏、北齊時期，尚書省宰朝政，繫得失，總庶務，行文書，甚得皇帝重視，而獲授予重任的例證。既然自魏晉南北朝以來「事統歸台閣」已成慣例，而文

74 （北齊）魏收：《魏書》，卷二十二上，〈廣陵王羽傳〉（北京：中華書局，一九七四），頁五四八。又司馬光在的記載是「尚書，樞機之任，非徒總庶務，行文書而已，朕之得失，盡在於此」，更為具體的說明北魏尚書省並非徒具虛名，而實際上是掌握著決策的實權。《資治通鑑》，卷一百三十九，〈齊紀五・明帝建武元年〉九月條，頁四三五八。

75 《魏書》，卷五十三，〈李沖傳〉，頁一一八五。

76 嚴耕望：〈北魏尚書制度考〉，載《中央研究院歷史語言研究所集刊》（台北：中央研究院，一九四八），第十八本，頁二五一－三六〇及〈北魏尚書制度〉，載《嚴耕望史學論文集》（台北：聯經出版事業公司，一九九一），頁三八五－三九六。

77 《北齊書》，頁五一九。引《北史》，卷四十七，〈祖瑩附珽傳〉，頁一七四二，所載同。

帝要還依漢魏之舊，這樣隋朝的尚書省握有「事無不總」[78]的權力亦實屬正常。

（二）開隋唐三省制之先

但文帝在還依漢魏之舊的同時，亦對魏晉以來積累了三百多年歷史的中央政制發展作出調整，明確其職守，從而開隋唐三省制之先。正如李光霄先生在〈隋唐職官制度淵源小識〉一文中所說：「文帝依漢魏之舊乃是一種策略，所依者僅是職官名號，隋朝自有一套適應當時政治需要的新制度」[79]，官制改革的核心，並非在漢魏制舊之上。

隋文帝開皇初年，中央政府設有五省，即前述的尚書、門下、內史、秘書、內侍等省。而五省的設置基本上是繼承南北朝的發展而來。據《隋書・百官志》所載，南朝最晚在梁武帝時已設有尚書、門下、集書、中書、秘書等省[80]；而北朝方面，據《通典》卷十九〈職官一・歷代職官總序〉所載：

78 《隋書》，卷二十八，〈志第二十三・百官下〉，頁七七四。
79 李光霄：〈隋唐職官制度淵源小識〉，載《中國史研究》，期一（一九八五年），頁八一-八七。
80 據《通典》所載：「宋及齊……官司有三台、五省之號（原注：五省謂尚書、中書、門下、秘書、集書省也。）」則南朝五省之置，在劉宋時已然。參見《通典》，卷十九，〈職官一・歷代官制總序〉，頁四六八－四六九。

北齊創業，亦遵後魏，台省位號，多類江東。（原注：以門下省掌獻納諫正，中書省管司王言，秘書省典司經籍，集書省掌從容諷議，中常侍省掌出入門閤……）[81]

而再加上杜佑沒有提及的尚書省，則北魏、北齊亦設有尚書、門下、中書、秘書、集書、中侍中等數省。[82]但隋代的五省卻不是簡單的仿效前朝建制，文帝的做法是：（一）調整魏晉以來所發展的五（六）省的組織，重新釐訂、明確其職權範圍；（二）確立「尚書、門下、內史（中書）」三省的中樞機構地位。

（一）在調整各省組織，釐訂職權方面

首先，文帝罷集書省而併其官屬職掌於門下省之中。據《初學記》卷十二〈職官部下・散騎常侍第四〉所載：

81 《通典》，卷十九，〈職官一・歷代官制總序〉，頁四七〇。而《隋書》，卷二十七，〈百官中〉，頁七五一－七五四，亦記：「後齊制度，多循後魏。」設有尚書、門下、中書、秘書、集書、中侍中等六省。

82 有關北魏、北齊的六省建制，可參陳仲安、王素：《漢唐職官制度究研》，第一章四節，〈三・北朝後期的三省制〉，頁八二－八五。

散騎常侍……（原注：散騎騎從，傍乘輿車後，獻可替否，中常侍得出入禁中，常侍左右）……自宋以來其任閑散，用人益輕，別置無書省領之，齊氏因之。（原注：言掌圖書文翰之事，故曰集書省，其領諸散騎與同晉氏）《五代史志》云：梁陳集書省置散騎常侍四人。（原注：後魏、北齊集書省置六人，其領諸散騎，並同晉氏）隋文廢集書省，從諸散騎入門下省。[83]

故《隋書》卷二十八〈志第二十三・百官下〉記載隋代門下省官員之時，便將在南北朝時期隸屬於集書省的散騎常侍、通直散騎常侍、散騎侍郎、員外散騎常侍、通直散騎侍郎、員外散騎侍郎等，「徙諸散騎入門下省」[84]。而原屬集書省的「侍從左右、獻納得

---

83 《初學記》，卷十二，〈職官下・散騎常侍第四〉，頁二八六。又《唐六典》，卷八，〈門下省〉，頁二四六，對集書省的建置亦有提及：「宋置散騎常侍四人，亦以加官，久次者為祭酒，領六散騎焉；又置集書省領之。」

84 此點可從《隋書》本身的記載得以証明。查《隋書》，卷二十六，〈志第二十一・百官上〉，頁七二二，記梁朝集書省官員有：散騎常侍、通直散騎常侍、員外散騎常侍、散騎侍郎、員外散騎侍郎等官。《隋書》，卷二十七，〈志第二十二・百官中〉，頁七五四，記北齊集書省官員則有：散騎常侍、通直騎常侍、散騎侍郎、員外散騎常侍、通直散騎侍郎、員外散騎侍郎等官。而《隋書》，卷二十八，〈志第二十三・百官下〉，頁七七四，記隋代門下省官員時已經將前述諸散騎之官併入其中。

失」[85]、「諷議左右、從容獻納」[86]職能，亦自然隨之而歸併到門下省之中去。

其次，秘書省自東漢桓帝延熹二年（一五九年）初置秘書監，便「掌典圖書，古今文字，考合異同」[87]，因其「掌禁中圖書秘記，故曰秘書」[88]。而整個魏晉南北朝時期，秘書監的職責仍是集中在圖籍文字工作上，《初學記》云：「魏武為魏王，置秘書令，典尚書奏事，即中書之任，亦兼掌圖書秘記之事。黃初初，分秘書立中書。中書自置令，典尚書奏事，而秘書改令為監，別掌文籍焉。」[89]至西晉初年，惠帝下詔時，仍說：

85 《隋書》，卷二十六，〈志第二十一．百官上〉，頁七二二。

86 《隋書》，卷二十七，〈志第二十二．百官中〉，頁七五四。

87 《初學記》，卷十二，〈職官部下．秘書監第九〉，引《東觀漢記》，頁二九五。又《太平御覽》，卷二百三十二，〈職官部三十一．秘書監〉引《東觀漢記》同，頁一一〇六。

88 《唐六典》，卷十，〈秘書省〉，頁二九七。

89 《初學記》，卷十二，〈職官部下．秘書監第九〉，頁二九四。又《唐六典》，卷十，〈秘書省〉，頁二九六所戰略同。又《宋書》，卷四十，〈百官下〉，頁一二四六，所載略同，其云：「漢桓帝延熹二年，置秘書監。魏武帝為魏王，置秘書令、秘書丞。秘書典尚書奏事。文帝黃初初，置中書令，而秘書改令為監。……掌藝文圖籍。……」而各種記載之中，以《通典》，卷二十八，〈職官八．秘書監〉的總結至為詳細，其云：「（漢）桓帝延熹二年，始置秘書監一人，掌典圖書古今文字，考合同異，屬太常，後省。魏武帝又置秘書令，典尚書奏事。文帝黃初初，乃置中書令，典尚書奏事，而秘書改令為監，掌藝文圖籍之事。……晉武帝以秘書併入中書省，其秘書著作之局不廢。惠帝永平中，復別置秘書監，并統著作局，掌三閣圖書。自是秘書之府始居於外。……」參見杜佑：《通典》，卷二十八，〈職官八．秘書監〉（北京：中華書局，一九八八），頁七三二—七三三。

「秘書監，綜理經籍，考校古今……」[90]。而「宋與晉同，梁曰秘書省，陳因。後魏亦有之。」[91]則秘書監的職掌至南北朝晚期，仍專注於圖書經籍之上。所以，梁朝任昉為秘書監之時，《梁書》記載其主要政職是「自齊永元以來，秘閣四部，篇卷紛雜，助手自讎校，由是篇目定焉」[92]。故有云秘書監（省）「雖非要劇，然其地位頗清要，……自晉以來，居其職者，每有著述見稱，而秘籍圖書亦多整理之功。」[93]據此可見自漢魏晉迄南北朝來，秘書省皆非參預政務決策的官署。文帝繼承前代舊例，對秘書省的組織建制，職責司掌並無太大的改動。

最後，內侍省雖是文帝所新置的，但其前身卻是源自北齊的中侍中省。據《通典》所載：

---

90 《初學記》，卷十二，〈職官部下・秘書監第九〉、引王隱《晉書》，頁二九五，而《太平御覽》，卷二百三十三，〈職官部三十一・秘書監〉，頁一一〇六所載同。但《唐六典》，卷十，〈秘書省〉所載較之《初學記》及《太平御覽》為詳，其為：「惠帝永平元年詔曰：『秘書典綜經籍，考校古今，中書自有職務，遠相統攝，於事不專。宜令復別置秘書寺，掌中外三閣圖書。』自是，秘書寺始外置。」惟未知《唐六典》所據，今不從。

91 《通典》，卷二十八，〈職官八・秘書監〉，頁七三三。

92 〔唐〕姚思廉：《梁書》，卷十四，〈任昉傳〉（北京：中華書局，一九七三），頁二五四。

93 陶希聖編校：《中國政治制度史》，第三冊，〈魏晉南北朝〉（台北：啟業書局，一九七三），頁二一一四。

北齊有中侍中省有中侍中二人、中常侍四人，掌出入門閤。又有長秋寺，置卿、中尹各一人，掌諸宮閤，領掖庭等令，並用宦官。……隋曰內侍省，領內侍、內常侍等官。[94]

而據《隋書》所載，內侍省的職掌是：「內侍省……並用宦官。領內食、掖庭、奚官、內僕、內府等局」[95]。這證明《通典》的說法是有所根據的。若以今天的角度而言，隋文帝所置的內侍省，屬官全是宦者，其主要職掌是「侍奉皇帝及皇后、嬪妃生活起居雜事，類似尋常人家的僕役」[96]，亦自然不預朝政決策的層次。

總的而言，六省之中，集書併於門下，而「秘書省較優閒，內侍省則皆宦者……」[97]。改制的重點自然以落在尚書、門下、內史的身上。

---

94 《通典》，卷二十七，〈職官九・內侍省〉，頁七五六。而《唐六典》，卷十二，〈內侍省〉記作：「北齊中侍中省有侍中二人、中常侍四人，掌出入門閤：長秋寺，掌諸宮閤，卿、中尹各一人，領掖庭、晉陽、中山宮、中宮僕、奚官等令。……」未若《通典》的清晰詳細。《唐六典》，卷十二，〈內侍省〉，頁三五五。

95 《隋書》，卷二十八，〈志第二十三・百官下〉，頁七七五。

96 王穎樓：《隋唐官制》（成都：四川大學出版社，一九九五），頁三二七。

97 李俊：《中國宰相制度》（台北：商務印書館，一九八〇），頁九八。

（二）確立「尚書、門下、內史（中書）」三省的樞要機構地位[98]

《唐六典》卷九〈中書省〉原注所載：

〔隋〕文帝廢三公府寮，令中書令（按：隋代應作內史）與侍中（按：隋代應作納言）之知政事，咸為宰相之職。[99]

又《通典》卷十九〈職官一・歷代職官總序〉則作：

隋有內史、納言，是真宰相。（原注：柳述為兵部尚書，參軍機密。又楊素為右僕射，與高熲專掌朝政。）[100]

98 筆者按：實際上，隋代三省同為宰相機構是一相當概括的說法，隋代的尚書省與門下和內史兩省，在重要性和影響力是存在著一定程度的差距的。

99 《唐六典》，卷九，〈中書省〉，頁二七三。

100 《通典》，卷十九，〈職官一・歷代官制總序〉，頁四九〇。而《通典》，卷二十一，〈職官三・宰相〉，頁五四〇所載略同。

上述兩條史料，有一共通之處，就是肯定了門下、內史兩省在隋代朝的宰相機構地位。

然而《唐六典》與《通典》均成書是中唐以後[101]，上距隋文帝開皇年間，已有百餘年

101 歸納《舊唐書》，卷一百零一，〈徐堅傳〉、〈韋述傳〉、〔宋〕歐陽修、宋祁撰：《新唐書》，卷五十八，〈藝文二．《六典》〉（北京：中華書局，一九七五），頁一四七七、〔唐〕劉肅：《大唐新語》，卷九，〈著述十九〉（北京：中華書局，一九八四），頁一三六、〔宋〕陳振孫：《直齋書錄解題》，卷六，〈職官類．唐六典〉（上海：上海古籍出版社，一九八七），頁一七二、《全唐文》，卷六百二十七，〈代鄭相公請刪定施行六典開元禮狀〉（北京：中華書局，一九八三），頁六三二六等所載，可推斷《唐六典》的編修始自唐玄宗開元十年（公元七二二年），起居舍人陸堅被旨撰，迄開元二十七年（公元七三九年）書成上奏，較之成書於德宗貞元十七年（公元八〇一年）的《通典》更具權威性，最能反映唐前期典章制的變化。有關《通典》成書的時間研究，可詳參（清）王鳴盛：《十七史商榷》，卷九十，〈杜佑作《通典》〉（北京：中華書局，一九八七）、張志哲：《中國史籍概論》，第五章第一節，〈通典〉（南京：江蘇古籍出版社，一九八八），頁四〇六－四〇七。

而至於《唐六典》的具體成書經過及其性質分析，可分別參看（日）內藤乾吉：〈唐六典的施行問題〉，載《東方學報》，期七（一九三六年），頁一〇三－一三四、（日）山根幸夫：《批評和紹介－《大唐六典》》，載《東洋學報》，卷五六（一九七四年），頁四九－五二、王超：〈我國古代的行政法典－《大唐六典》〉，載《中國社會科學》，期一（一九八四年），頁一一五－一四二、錢大群、李玉生：〈《唐六典》性質論〉，載《中國社會科學》，期六（一九八九年），頁一八九－二〇四、嚴耕望：《略論唐六典之性質與施行問題》，載氏著：《嚴耕望史學論文集》（台北：聯經出版事業公司，一九九一），頁一九三－一九六、四二一－四三〇、寧志新：〈《唐六典》僅僅是一般的官修典籍嗎？〉，載《中國社會科學》，期二（一九九四年）、袁剛：《隋唐中樞體制的發展演變》，第四章第二節，〈《大

的時間[102]，撰者對有隋一代歷史的理解或有未盡透徹、全面之處，如：忽略了成書於貞觀年間的《隋書》指出隋代尚書省其「事無不總」的權力。反而相較之下，成書於北宋初年的《冊府元龜》對隋代宰相機構的記載，就更為完整：

隋置三師、三公參議國之大事。朝之眾務，總於台閣。內史令、納言是為宰輔。……其後納言為侍內。唐初受命仍悉隋制，武德初改內史令為中書令，侍言為侍中，并左右僕射是為四輔。[103]

同樣地，《新唐書》卷四十六〈志第三十六・百官一〉的記載亦大抵相同，其云：

102 唐六典》的編纂與差遣使職的盛行〉（台北：文津出版社，一九九四），頁八四－九三及寧志新：〈《唐六典》性質初議〉，載《中國史研究》，期一（一九九六年），頁九九－一一〇等。隋文帝開皇元年為公元五八一年，而《唐六典》成書於唐開元二十七年，即公元七三九年，上距隋開皇年間，已超過一百五十年的時間了。而杜佑的《通典》成書於唐德宗貞元十七年，即公元八〇一年，距離隋文帝開皇年間就更遠了。

103 《冊府元龜》，卷三百零八，〈宰輔部・總序〉，頁三六二七。

> 初唐因隋制，以三省之長，中書令、侍中、尚書令共議國政，此宰相之職也。[104]

上述兩部成書於北宋初年史籍，均認為唐承隋制，以三省長官為宰相。綜合《隋書》、《唐六典》、《通典》、《冊府元龜》、《新唐書》等不同記載[105]，我們能初步推論出，文帝所開創的隋朝「政府之樞要機關實為尚書、門下、內史三省而已」[106]。

開皇三年（五八三年）以後文帝對三省的官員組織，曾作出若干調整：

> 三年詔，……改度支尚書為戶部尚書，都官尚書為刑部書。諸曹侍郎及內舍人，並加為從五品。……六年，尚書省二十四司，各置員外郎一人，以司其曹之籍帳。侍郎闕，則釐其曹事。……罷門下省員外散騎常侍、奉朝請、通事令史員，……十四

---

104 《新唐書》，卷四十六，〈百官一〉，頁一一八二。《新唐書》，卷六十一，〈宰相表上〉，頁一六二七，所載同。

105 可分別參：《隋書》，卷二十八，〈百官下〉、《唐六典》，卷九，〈中書省〉、《通典》，卷二十一，〈職官三・宰相〉、《冊府元龜》，卷三百零八，〈宰輔部・總序〉，《新唐書》，卷四十六，〈百官一〉等。

106 劉健明：〈隋代三省制之發展研究〉，載《新亞書院歷史學系系刊》，期五，頁二七－三五。

年，諸省各置主事令史員。……[107]

文帝重新釐定的隋官制，日後泰半為唐代三省制所遵循。而《冊府元龜》、《新唐書》所謂唐因隋制者，便是這個意思。

107 《隋書》，卷二十八，〈志第二十三・百官下〉，頁七九二—七九三。

唐前期三省地位的變化*

唐行三省六部制，此早為治隋唐史者所熟知。三省為尚書省、中書省、門下省。宋元史家在總結唐三省職能時，具體地歸納為「中書出令、門下審駁……而尚書受成頒之有司」[1]，「唐初始合三省，中書主出命、門下主封駁、尚書主奉行。」[2]這些說法一直為後世學者所沿襲，並加以發揮申論。而《資治通鑑》卷二百一十二〈開元十一年〉所云：

張說奏改政事堂曰中書門下，列五房於其後，分掌庶政。[3]

---

* 本文原刊《歷史研究》，第二期（一九九二年），頁九十八—一〇九。

1 〔元〕馬端臨：《文獻通考》，卷五十，〈門下省〉（北京：中華書局，一九八六），頁四五五。

2 〔宋〕王應麟撰，〔清〕翁元圻注：《困學紀聞》，卷十三，〈考史〉（上海：商務印書館，一九三五），頁一〇四三。

3 〔宋〕司馬光：《資治通鑑》，卷二百一十二，〈開元十一年〉（北京：中華書局，一九八六），頁六七五八。並可參（後晉）劉昫等撰：《舊唐書》，卷四十三，〈職官三〉（北京：中華書局，一九七五）、

卻為傳統史家所忽視。雖然有關史料對於張說奏改的背景、原因及影響等記載均相當缺乏與模糊，然而，細心分析便可發覺，張說的奏改對唐三省制的發展變化具有劃時代意義。《大唐六典》卷一〈尚書都省〉載：「尚書令……自是闕不復置，其國政樞密，皆委中書，八座之官，但其受成事而已。」[4]八座是指尚書左、右僕射及六部尚書。《六典》明確指出主行政事務的尚書省長官，需聽命於掌國政樞密的中書，如此則決策與行政合二為一，決策部門具有兼管行政事務的權力。這與傳統史家所說的唐三省運行情況有所不同。按《六典》頒行於開元二十七年（七三九年）[5]，則其成書在張說奏改政事堂為中書門下之後，其文中「權歸中書」與中書門下設五房分掌庶政相合，故中書一詞應為中書門下的簡稱。固然，就字面解釋而言，中書也可看成中書省的簡稱，但從唐前期三省整體發展關係而言，中書省是無權指令尚書省的；反之在玄宗開元初年的一段時間內，政事堂

〔宋〕歐陽修、宋祁：《新唐書》，卷四十六，〈百官志〉（北京：中華書局，一九七五）、〔唐〕杜佑：《通典》，卷二十一，〈職官三〉（北京：中華書局，一九八八）、〔宋〕王溥：《唐會要》，卷五十一，〈中書令〉（臺北：世界書局，一九八二）、〔宋〕王欽若等編：《冊府元龜》，卷三百零八，〈宰輔部・總序〉（北京：中華書局，一九六〇）等略同。

4 〔唐〕李林甫等撰，陳仲夫點校：《唐六典》，卷一，〈尚書都省〉（北京：中華書局，一九九二），頁六。

5 參〔宋〕陳振孫：《直齋書錄解題》，卷六，〈職官類・唐六典〉（臺北：廣文書局，一九六七），頁一六六。

（中書門下）卻表現出決策機構兼管行政事務的姿態。所以，上引《六典》文中的中書應指中書門下，而非中書省（詳論見後文）。因此，張說的奏改無疑宣告嚴格的三省制，即中書出令、門下封駁、尚書奉行，各自獨立而互不干涉，並構成一完整的中樞機構的時期已經結束。

本文試圖從唐前期三省及政事堂地位升降變化的角度去探討張說奏改的歷史背景及原因，並希望對唐前期三省發展脈絡與政事堂議政制度的建立、運動及功能等問題，提出一些不成熟看法。

一、貞觀年間僕射職掌的減輕及門下省作用的加強

武德元年（六一八年）六月，唐高祖以「太宗為尚書令，相國府長史裴寂為尚書右僕射，相國府司馬劉文靜為納言，隋民部尚書蕭瑀、相國府司錄竇威並為內史令。」[6] 撇開太宗為尚書令的情況不談，裴寂以相國府首席僚出任新皇朝的尚書僕射，頗能反映出僕射的地位及重要性在納言（侍中）及內史令（中書令）之上。無怪劉文靜會「自以才能幹用

6 《舊唐書》，卷一，〈本紀第一．高祖紀〉，頁三。

在裴寂之右，又屢有軍功，而位居其下，意甚不平」[7]。就當時實際政治情況而言，裴寂確實是武德年間的第一重臣。如：唐高祖對他「言無不從，呼為裴監而不名。當朝貴戚，親禮莫與為比。」[8]武德二年（六一九年），儘管群臣以至太宗皆證明劉文靜並非謀反，高祖終因裴寂一言而殺之。其後，「高祖有所巡，必令居守」，又將他與蕭何、曹參相提並論。[9]就是貞觀年間，太宗猶稱：「武德之時，政刑紕繆，官方弛紊，職公之由。」[10]把政治不靖的責任，歸咎於任僕射的裴寂未盡其職。可見，武德年間僕射的重要性在中書令及侍中之上。

貞觀三年（六二九年）二月，太宗任房玄齡、杜如晦為左、右僕射。房、杜兩人在太宗為秦王時已投其麾下效力，是協助太宗謀劃「玄武門之變」的主要人物，也就是貞觀初年公認的首席重臣。《授房玄齡杜如晦左右僕射》中特別指出：「尚書政本，端揆任隆。自非經國大材，莫或斯舉。」[11]太宗對房、杜的倚重似應在一般朝臣之上。而玄齡「既任

---

7 《舊唐書》，卷五十七，〈列傳第七・劉文靜傳〉，頁二二九四。

8 《舊唐書》，卷五十七，〈列傳第七・裴寂傳〉，頁二二八七。

9 《舊唐書》，卷五十七，〈列傳第七・裴寂傳〉，頁二二八七。

10 《舊唐書》，卷五十七，〈列傳第七・裴寂傳〉，頁二二八八。

11 〔清〕董誥：《全唐文》，卷五（北京：中華書局，一九八三），頁五八。

總司，虔恭夙夜，盡心竭節，不欲一物失所。」[12]表面上看，在太宗心目中，僕射以至整個尚書省的稱職與否關係著唐皇朝的興衰。因此，僕射的地位與職掌理應相當重要。但是，若深入考察貞觀時期的實際情況，卻又並非如此。《貞觀政要》卷三〈擇官第七〉載，太宗對房、杜說：

> 公為僕射，當助朕憂勞，廣開耳目，求訪賢哲。比聞公等聽受辭訟，日有數百。此則讀符牒不暇，安能助朕求賢哲？因敕尚書省，細碎務皆付左右丞，惟冤滯大事合聞奏者，關於僕射。

太宗明文敕令，正式規定尚書省日常事務交由左右丞主持。這樣，僕射的地位雖無改變，但職掌則明顯地減輕，其在尚書省的工作實已由左右丞所替代。貞觀十年（六三六年），劉洎上書云：

> 伏見比來尚書省詔敕稽停，文案壅滯……豢欲救弊，且宜精簡尚書左右丞、左右司

12 《舊唐書》，卷六十六，〈列傳第十六・房玄齡傳〉，頁二四六一。

> 郎中如並得人，自然綱維克舉；亦當矯正趨竟，豈惟息其稽滯哉！[13]

其時，房玄齡與溫彥博分別任左、右僕射，而劉洎卻認為澄清尚書省工作失誤的辦法，在於精選左右丞及左右司郎中。可見到貞觀中葉，左、右僕射基本上已不再直接領導尚書省，甚至可以說是在省內已無事可做。即使是太宗所謂的「任賢選能」，亦相當有限，如貞觀八年（六三四年）「上欲分遣大臣為諸道黜陟大使，未得其人。（右僕射）李靖薦魏徵。上曰：……乃命靖與太常卿蕭瑀等十三人分行天下……。」[14]李靖以右僕射之尊，薦人不成，自己卻被外遣，其「任賢選能」的權責，也自然未能履行。原來，三師、三公頗為相類。故貞觀十六年（六四二年），房玄齡由左僕射遷司空後，《貞觀政要》依然稱他為「仍總朝政」[15]，與任左僕射時並無分別。貞觀十七年（六四三年）以後，左、右僕射長期懸空，太宗對尚書左丞宇文節說：「朕所以不置左、右僕射者，正以卿在省耳。」[16]這與僕射的職掌變得抽象及不再領導尚書省事務有直接關係。

---

13 《唐會要》，卷五十八，〈尚書左右丞〉，頁九九九。

14 《資治通鑑》，卷一百九十四，〈唐紀十〉，頁六一〇五。

15 〔唐〕吳兢：《貞觀政要》，卷二，〈任賢第三〉（上海：上海古籍出版社，一九七八），頁二八。

16 《舊唐書》，卷一百五，〈列傳第五十五・宇文融傳〉，頁三二一七。

隨著貞觀晚年僕射職位的長期懸空，有學者認為：「貞觀十七年以後，尚書省重臣或遷或罷。雖仍有參議朝政者，但究與實責不同，故機衡之任乃轉於中書令。」[17]或「貞觀十七年確實是一個關鍵，更可以說是僕射和中書令地世權力消長的轉捩點。自此以後，確立了三省的分工……貞觀十八年以後，僕射常闕，中書令便以首領百官的姿態出現。」[18]這兩種說法能否成立，仍有待探討，但他們卻有一個共同的缺點，就是忽視了門下省的角色。

《貞觀政要》，卷二，〈任賢第三〉：

> 貞觀十二年，（帝）謂侍臣曰：「貞觀以前，從我平定天下，周巡艱險，玄齡之功無所與讓。貞觀之後，盡心於我，獻納忠說，安國利人，成我今日功業，為天下所稱者，唯魏徵而已。」[19]

---

17 孫國棟：〈唐代三省制發展之研究〉，載氏著：《唐宋史論叢》（香港：龍門書店，一九八〇），頁一〇七。

18 可參王怡辰：〈唐代中書令職任與地位轉變〉，載中國歷史學會：《中國歷史學會史學集刊》（臺北：中國歷史學會，一九八八）。

19 《貞觀政要》，卷二，〈任賢第三〉，頁三三。

太宗將房、魏二人視為重要的大臣，其中長期任僕射的房玄齡已有論及。值得注意的是魏徵的官職，他自貞觀四年（六三〇年）五月任檢校侍中開始，至貞觀十七年正月死為止，一直主持著門下省工作，從未間斷。單從這一點已反映出門下省的作用非比尋常。另外在魏徵以前，王珪曾任侍中凡四年；而魏死後，房玄齡及長孫無忌等重臣也曾知門下事[20]，這樣便顯示出門下省的重要性。

今試從門下省職掌的角度去分析。《舊唐書》，卷四十三，〈職官二〉：

> 侍中之職……凡下之通上，其制有六，一曰奏抄，二曰奏彈，三曰露布，四曰議，五曰表，六曰狀；皆審署申覆而施行焉。[21]

又《大唐六典》，卷八，〈門下省‧侍中〉：

20 參《舊唐書》，卷三，〈本紀第三‧太宗紀下〉，頁六〇、《舊唐書》，卷六十五，〈列傳第十五‧長孫無忌傳〉，頁二四五四等。

21 《舊唐書》，卷四十三，〈志第二十三‧職官二〉，頁一八四二。

（原注）其奏抄，露布侍中審，自餘不審。[22]

按「祭祀、支度國用，授六品以下官、斷流已下罪及除免官當者」為奏抄；「諸軍破賊，申尚書兵部而聞奏」者為露布。[23]細心分析這兩種官文書，其內容涉及整個尚書省吏、戶、禮、兵、刑等部的具體工作。既然「百司奏抄，侍中審定」[24]，則明白指出百司的一切上行官文書，特別是涉及前述尚書省六部具體政務的，均需經以侍中為代表的門下省審署通過才可覆奏施行；所謂「審署申覆而施行」的具體方法是「復（覆）奏畫可訖，留門下省為案，更寫一通，侍中注制可，印縫署送尚書省施行。」[25]這說明在正常規程中，尚書省六部的具體政務，首先需經門下省的審查施批准，復奏畫可後，再經門下省印署等兩重手續，才可轉交尚書省官員執行。

在太宗有意架空僕射及派親信重臣主持門下省工作的一消一長背景下，再加上門下省掌握著對尚書省具體政務的審署權，自然導致門下省的作用日益加溫。

22 《唐六典》，卷八，〈門下省・侍中〉，頁二四二。
23 《唐六典》，卷八，〈門下省・侍中〉，頁二四二。
24 《唐六典》，卷八，〈門下省・給侍中〉，頁二四四。
25 《唐六典》，卷八，〈門下省・侍中〉，頁二四二。

二、政事堂群相議制度的確立

《貞觀政要》卷一〈政體第二〉載，貞觀四年，唐太宗問蕭瑀：「隋文帝如何主也？」太宗說：「朕意則不然，以天下之廣，四海之眾，千端萬緒，須合變通，皆委百司商量，宰相籌劃，於事穩便，方可奏行。」[26]太宗鑒於隋代君主不責成臣下，事事親決，「雖復勞神苦形，豈能一一中理」[27]，轉而採取一種新的統治方法。所謂「百司商量，宰相籌劃，於事穩便，方可奏行」，成為貞觀君臣處理朝政國事的指導思想。太宗先讓臣僚商量政事，提出意見，經宰相籌劃統一，作出適當的決定，然後奏交批准頒行。三省長官既為唐初的當然宰相，在這種統治思想的推動下，貞觀年間「三省之長共議國政」[28]很快就成為一種固定的制度。這便是政事堂群相議政制度的建立。

現今學術界對政事堂制度定制的年代有兩種不同看法：（一）主張武德年間已有政

---

26 《貞觀政要》，卷一〈政體第二〉，頁一五。
27 《資治通鑑》，卷一百九十三，〈唐紀九〉，頁六〇八〇。
28 《新唐書》，卷四十六，〈志第三十六・百官一〉，頁一一八二。

事堂制度，並推測其起於隋代[29]；（二）認為政事堂制度確立並定制於貞觀年間。[30]雖然《全唐文》卷三百一十六〈中書政事堂記〉載：

> ……政事堂者，自武德以來，常於門下省議事，即以議事之所，謂之政事堂。[31]

指出政事堂成立於武德年間。但細心分析〈中書政事堂記〉全文，其內容皆是作者李華的政治理想，與實際情況脫節；再者現存記載有關政事堂制度的史料，僅得此條明確說出政事堂成立的年代。[32]所以，李華的說法有孤證不立之疑。而貞觀年間，不單形成三省長官

29 可參王超：〈政事堂制度辨證〉，載《中國史研究》，期四（一九八三年）、劉希為：〈唐朝宰相制度初探〉，載《中國史研究》，期三（一九八四年）、楊際平：〈隋唐宰相制度的幾個問題〉，載《浙江學刊》，期三（一九八八年）、張國剛：《唐代官制》（西安，三秦出版社，一九八七）等。

30 可參姚澄宇：〈唐朝政事堂制度初探〉，載《中國史研究》，期三（一九八二年）、陳振：〈政事堂制度辨證質疑〉，載《中國史研究》，期一（一九八五年）、魏向東：〈也談唐政事堂的創設時間〉，載《蘇州大學學報（哲社版）》，期四（一九八七年）。

31 《全唐文》，卷三百一十六，〈中書政事堂記〉，頁三二〇二。

32 可參《資治通鑑》，卷二百三，〈唐紀十九〉、《舊唐書》，卷四十三，〈職官二〉、《新唐書》，卷四十六，〈百官一〉、《唐會要》，卷五十一，〈中書令〉、《通典》，卷二十一，〈職官三〉、《冊府元龜》，卷三百零八，〈宰輔官・總序〉、〔唐〕劉肅：《大唐新語》，卷十，〈厘革二十二〉（北京：中華書局，一九八四）等。

共議國政的習慣，太宗更透過加「參議朝政」、「參預朝政」、「參知政事」、「典機密」等名號，讓別的官員議論國政，提出意見，發揮他官參政的功能。[33]由此推論，政事堂群相議政制度起源於貞觀年間的可能性甚大。惟因現存史料不足，尚難界定政事堂制度定制的確實年份。史書上的敘述，時間性亦較模糊，如：《唐會要》卷五十一〈中書令〉載：「舊制，宰相常於門下省議事，謂之政事堂。」[34]又，《新唐書》卷四十六〈百官一〉載：「初，三省長官議事於門下省之政事堂。」[35]皆沒有清楚指出何時設立政事堂。

政事堂制度肇始之際，為何在門下省內議事？究其原因，一方面可從三省職掌功能解釋。首先，有史料顯示自武德至貞觀中葉，詔敕多由中旨宣出，中書惟受成行文書，少由其直接進擬。《資治通鑑》，卷一百八十五武德元年：

上（高祖）嘗有敕而內史不時宣行，上責行遲，（內史蕭瑀）對曰：「大業之世，內史宣敕，或前後相違……故臣每受一敕勘審，使與前敕不違，始敢宣行，稽緩之

33 孫國棟：〈唐代三省制發展之研究〉，頁八一－一六二。

34 《唐會要》，卷五十一，〈中書令〉，頁八八三。

35 《新唐書》，卷四十六，〈志第三十六・百官一〉，頁一一八三。

愆，實由於此。」[36]

由此可見詔敕乃自中旨責成，中書省的工作，只是「檢校前後，以防違誤而已」。[37]至貞觀中葉，仍見到詔敕由中旨宣出的例子：

貞觀十四年，司門員外郎韋元方方給使所稽緩，給使奏之，上怒，出元為華陰令。魏徵諫曰：「帝王震怒，不可妄發，前為給使，遂夜出敕書，事如軍機，誰不驚駭……。」[38]

既然詔敕多由中旨宣出，中書省雖曰「掌軍國之政令」[39]，則其丞旨辦事行文書多，擬進出劃者少。

其次，就史料所見，貞觀年間，「太宗與宰臣參議政事」[40]、「中書、門下及三品

36 《資治通鑑》，卷一百八十五，〈唐紀一〉，頁五七九三—五七九四。
37 孫國棟：〈唐代三省制發展之研究〉，頁一〇四。
38 《資治通鑑》，卷一百九十五，〈唐紀十一〉，頁六一五八。
39 《唐六典》，卷九，〈中書省・中書令〉，頁二七三。
40 《唐會要》，卷五十六，〈起居郎起居舍人〉，頁九六一。

以上入閣議事」。[41]的情況多，單純的「群相議政」反未得見。太宗積極參與，無疑提高了君主對具體政策的制定權力，中書令「佐天子而執大政」的職能無從發揮。所以，政事堂內議論的重點自然集中到研究具體政務的處理和詔敕的報行等問題而已。侍中負責「以弼庶務」[42]，報行對尚書省六部為主的政務審署工作，門下省又有「詔敕不便者，塗而奏還」[43]的封駁職權，政事堂初設於門下省內，或與此不無關係。

另一方面，從三省內在運行關係的角度去看，一切上呈的「百司奏抄」及下達的「王命制敕」，即一般的上、下行公文書，都必須經門下省的審署，方可轉達。政事堂設於門下省內，能疏通協調主行政的尚書省及主出廊的中書省的工作。門下省具備這些職能上的特性，實有利於三省長官集中辦行，就近商量，減少往返折回之勞。

41 《資治通鑑》，卷一百九十二，〈唐紀八〉，頁六〇三一。
42 《唐六典》，卷八，〈門下省・侍中〉，頁二四一。
43 《新唐書》，卷四十七，〈志第三十七・百官二〉，頁一二〇七。

三、僕射始帶同三品，政事堂內三省長官並重

在唐初群相中，尚書僕射的職掌雖然只限於「掌統理六官，綱紀庶務。」[44]可是，僕射卻又是全國最高行政長官，階從二品，位在中書令、侍中及其他加銜宰相之上；政事堂之內，自然也以僕射的地位最高。與此同時，貞觀年間長期任左僕射的房玄齡，是太宗的元從親信，聲望極隆的尚書僕射，與政事堂群相議政制度的精神雖無明顯抵觸，但從制度上言，政事堂內尚書僕射與其他三省長官處在不平衡的位置上，則隱藏著僕射領導群相議政的色彩，容易產生以僕射為主導的意見。而貞觀末年，僕射一職的長期懸空，在一定意義上正是為了消除這種不平衡現象，使群相在政事堂議政之際，能擺脫行政長官——僕射的羈絆，發揮獨立而均衡的「籌劃」作用。但這畢竟是權宜之計，究非根治之法；一旦需要任命僕射，則其領導群相議政的局面也必然隨之而有再現的機會。

貞觀二十三年（六四九年）五月，太宗去世，高宗繼位，依照太宗的遺意，需任李勣為僕射。既然要重新任命僕射，如不首先將政事堂內僕射與群相地位不平衡的矛盾解決，

---

44 《舊唐書》，卷四十三，〈志第二十三・職官二〉，頁一八一七。

則寅正的三省並重局面勢難建立。同年八月，李勣被任命為左僕射同中書門下三品，開「僕射始帶中書門下（三品）」[45]之例。此後六十年，拜僕射者例典三品，至「神龍初，豆盧欽望為僕射，不帶三品，不敢參議政事。」[46]為何僕射一職在貞觀十七年停授約六年後，於高宗即位再授要帶同中書門下三品之銜？其原因史無明文。但前史料已指出僕射不帶三品，不敢參議政事，則知此銜與參議政事有直接關係。以下就參議政事的角度進行探討。

考同中書門下三品一銜，創於貞觀十七年四月，太宗詔以「蕭瑀為（太子）太保，李世勣為（太子）詹事。瑀及世勣並同同中書門下三品，同中書門下三品自此始。」[47]李勣以左僕射帶此銜之前，曾帶同三品的官員，據史書所載有下列數名：

（一）高士廉：貞觀十七年六月至二十一年正月，先後以開府儀同三司及兼太子太傅同中書門下三品。[48]

（二）長孫無忌：貞觀十七年，太子承乾廢，太宗欲立晉王，以無忌為太子太師

45 《舊唐書》，卷四，〈本紀第四・高宗紀上〉，頁六七。
46 《大唐新語》，卷十，〈釐革二十二〉，頁一五〇。
47 《資治通鑑》，卷一百九十七，〈唐紀十三〉，頁六一九七。
48 參《新唐書》，卷六十一，〈表第一・宰相表上〉，頁一六三五。

同中書門下三品，同三品自此始。[49] 貞觀二十三年六月，以太尉同中書門下三品。[50]

（三）李勣：貞觀二十三年六月，以開府儀同三司同中書門下三品。[51]

以上連同蕭瑀總計凡四人六次帶同中書門下三品。而這六人次的本官分別是：太子太保（從一品）、太子詹事（正三品）、太子太傅（從一品）、太子太師（從一品）、太尉（正一品）、開府儀同三司（從一品）。雖全屬「清望官」，但全不預三省六部之列，均是無實際職掌的高級官僚，其中開府儀同三司更是散官，尤具代表性；另外尚有一共同處，就是蕭、李、高、長孫四人皆屬元老功臣身份。由此則知僕射始帶同三品以前，此銜例由位高而無實職的元老功臣充任；與此同時，政事堂制度於貞觀年間確立，這樣「同三品」便成為那些位高卻無職掌的元老功臣參加政事堂議政時所挂的頭銜。其地位及重要性在其他加銜宰相之上。[52]

---

49 《新唐書》，卷一百零五，〈長孫無忌傳〉，頁四〇一九—四〇二〇，但此與《資治通鑑》及《舊唐書》所載者有出入，今兩存。

50 可參《新唐書》，卷六十一，〈表第一・宰相表上〉、《舊唐書》，卷四，〈本紀第四・高宗紀上〉、《舊唐書》，卷六十七，〈列傳第十七・李勣傳〉。

51 可參《舊唐書》，卷六十七，〈列傳第十七・李勣傳〉。

52 孫國棟：〈唐代三省制之發展研究〉，頁一〇七。

另一方面，僕射的職掌，早為太宗所架空，已類似於三公、三師，變得可有可無。而李勣本人不單有三朝元老的資格，轉拜左僕射前，又正是以開府儀同三司帶同三品銜。凡此種種，莫不為僕射帶同三品創造了有利的形勢。再者，正好可借僕射一職在長期缺員後，需要再次任命的難得機會，對其地位進行重新界定，以協調政事堂內僕射與侍中、中書令的不平衡關係。故李勣成為首位帶同三品的僕射，實有其相應的歷史背景可循。尚書僕射冠以同中書門下三品一銜後，則明確界定了僕射參加政事堂議政時的地位，保證其復置後在政事堂內的地位不會再度凌駕於中書令及侍中之上。《新唐書》所云：「謂同侍中、中書令也。」[53]就是說明僕射帶同三品的意義所在。如此則政事堂內三省長官並重的局面，便通過對尚書僕射參加政事堂議政時地位的重新界定，得以真正建立起來。

四、中書令重要性提高，政事堂內中書力量居主導地位

高宗開耀元年（六八一年）七月：

---

53 《新唐書》，卷四十六，〈志第三十六・百官一〉，頁一一八二。

左僕射兼太子少傅同中書門下三品劉仁軌固請解僕射，許之。閏七月，丁未，裴炎為侍中，崔知溫、薛元超並為中書令。[54]

依照往常的慣例，僕射懸空後的一、兩個月內，六部尚書當中，定有一、兩個人帶參政銜，代表尚書省參加政事堂議政。[55]可是，這次劉仁軌去職後，凡九個月內，竟無任何尚書省官員能成功為加銜宰相。至永淳元年（六八二年）四月，魏玄如與岑長倩方分別以吏部侍郎及兵部侍郎「並同中書門下同承受進止平章事」[56]。但《舊唐書》卷五〈高宗紀上〉記載，當時高宗特別對參知政事（應為中書令）崔知溫指出：「（郭）待舉等（包括魏、岑）歷任尚淺，且令預聞政事，未可即與卿等同名稱。」、「自是外司四品以下四品官，遂以平章事為名。」[57]故魏、岑二人雖能參加政事堂議政，但他們均為外司四品官，地位與名號皆在中書令及侍中之下；政事堂內，中書、門下長官似有居主導地位之勢。

---

54 《資治通鑑》，卷二百零二，〈唐紀十八〉，頁六四〇三。

55 據嚴耕望所言：貞觀十七年六月，高士廉罷右僕射；八月，張亮由工尚遷刑尚參預時政。顯慶四年四月，于志寧罷左僕射；五月，任雅相以兵尚同三品、盧承慶以戶尚參知政事。可參嚴耕望：《唐僕尚承郎表（一）》，卷五，〈輯考一上．尚書左僕射〉（北京：中華書局，一九八六），頁。

56 《資治通鑑》，卷二百零三，〈唐紀十九〉，頁六四〇九。

57 《舊唐書》卷五，〈本紀第五．高宗紀上〉，頁一〇九。

另一方面，當時的實際政治環境也表現出中書令的重要性大為提高。永淳元年四月，高宗幸東都，「留太子監國，使（太子少傅）劉仁軌、（侍中）裴炎、（中書令）薛元超輔之。」[58]而有關三人輔助太子監國的史料，僅《舊唐書》卷七十四〈薛收附子元超傳〉有所提及：「帝（高宗）臨行謂超曰：『朕之留卿，如去一臂。但吾子未閑庶務，關西之事，悉以委卿，所寄既深，不得默爾。』」[59]可見高宗對中書令薛元超的倚重超過其他二人。同時，隨高宗前往東都的官員中，也僅中書令崔知溫一人是當然宰相。[60]二名中書令，一留長安助太子監國，一赴洛陽協助高宗，儼然首輔姿態。

弘道元年（六八三年）十二月，高宗去世，是夜侍中裴炎被召入禁中受遺詔輔政。當時，六名三省長官中，僅裴炎一人在職，其餘五席，全數缺員。[61]於是，裴炎順利成章成唯一的顧命大臣。中宗即位後「以劉仁軌為左僕射，裴炎為中書令；戊寅，以劉景先為侍中。」[62]裴炎為是唯一的顧命大臣，重要性在群臣百官之上。但是《大唐新語》作者劉

58 《資治通鑑》，卷二百零三，〈唐紀十九〉，頁六四〇七。
59 《舊唐書》，卷七十三，〈列傳第二十三‧薛收附子元超傳〉，頁二五九〇—二五九一。
60 《舊唐書》，卷五，〈本紀第五‧高宗紀下〉，頁一〇九。
61 可參《舊唐書》，卷四，〈本紀第四‧高宗紀上〉、《新唐書》，卷三，〈本紀第三‧高宗皇帝〉、卷六十一，〈表第一‧宰相表上〉等。
62 《資治通鑑》，卷二百零三，〈唐紀十九〉，頁六四一六。

肅，不在裴炎任侍中及顧命大臣時稱他為執朝政，而待他轉中書令後才加敘述，已能隱約反映出中書令的重要性。況且，自弘道元年七月中書令薛元超因病罷職後，凡六個月內，裴炎是當時僅有一名三省長官，以形勢而論，那時更有資格稱「執朝政」；而在裴炎轉中書令的同時，僕射與侍中也有新的人選，三省長官尚算無缺，至此卻獨稱裴炎「執朝政」，可見問題的焦點在於中書令的位置上。再則，「代裴炎為侍中」的劉景先[63]，原為黃門侍郎同中書門下平章事，在門下省內屬裴炎的副手，其任侍中，應是本省長官離任後由副手替補的一般遷調；然而，中書令雖亦同時出缺，但中書侍郎劉禕之、郭正一卻不能晉升替補。這也從另一側面反映出中書令與侍中兩職的輕重高低之別。

其次，復任僕射的劉仁軌，時已年逾八旬，並在長安，已無多大的活動能力；加以在他復拜左僕射之前，左、右僕射均是懸空的，而在他死後，僕射之位又再度懸空。[64]故可知劉仁軌再拜僕射之舉，具有新君登位，禮待前朝年邁元老的性質，高於實際知政事作用。

---

63 《舊唐書》，卷八十一，〈列傳第三十一・劉祥道附子齊賢傳〉，頁二七五四。

64 據嚴耕望所言：劉仁軌卒於垂拱元年正月，至翌年六月，蘇良嗣及韋待價才分別接任左、右僕射（時稱文昌左、右相）。可參嚴耕望：《唐僕尚承郎表（一）》，卷五，〈輯考一上・尚書左僕射〉，頁三二一—三二二。

中書令地位提高的原因，史無明文，但深入探究，可以發覺這是自然的趨勢。高宗晚年及武則天統治時期，社會形勢急劇變化，政務日趨繁多，需解決的問題也日益增加。而中書省是負責協助皇帝處理群臣百司進呈的章表奏議的，《大唐六典》卷九〈中書省〉載：「中書舍人，掌侍奉進奏，參議表章……凡有司奏議，文武考課，省預裁焉。（原注：……凡章表，皆商量可否，則與侍郎及令連署而進奏。）」[65]中書令作為輔佐君主決定重大問題政策的中書省長官，隨著社會事務增多，其重要性自然大為提高。裴炎轉中書令後，「以中書執政事筆，其政事堂合在中書，遂移在中書省」[66]，這是確立政事堂內中書令為主導的標誌。

政事堂本為宰相商討議決政務的最高會議，議決後，上奏取旨批許，下頒執行。而政事堂內劃草擬詔敕之權在中書，自使中書令的地位日益見重。又因討論的政務已由包括侍中在內的宰相們所議定，則門下封駁的職責日趨輕簡。因而政事堂內的決策重心，也就偏於主出詔的中書令身上。所以，裴炎自侍中轉中書令，遷政事堂到中書省，除了個人因素外，也就外在客觀形勢發展所使然。裴炎的遷移，表示著政事堂議政變成中書省擬敕出令

65 《大唐六典》，卷九，〈中書省〉，頁二七六。
66 《唐會要》，卷五十一，〈中書令〉，頁八八三。

的事前配合程序，這不僅使中書省的重要性大為提高，甚至凌駕於門下、尚書兩省之上，並確定了中書令在政事堂內的領導地位。

五、從中書、門下兩省長官兼主行政事務，到政事堂兼管行政事務

開元元年（七一三年）七月，唐玄宗鏟除了朝廷中太平公主一派勢力。從此，玄宗才真正主宰天下。八月，以「封州流人劉幽求為尚書左僕射，平章軍國大事。」[67]「九月庚午，加同中書門下三品」[68]；十一月，「幽求兼知侍中」[69]。劉幽求以左僕射兼侍中，開創了玄宗朝主決策的侍中或中書令與主行政的尚書省長官（左、右僕射及六部尚書）相結合的新局面。在太宗以後、玄宗以前的歷任三省長官中，像劉幽求這樣一身兼兩省（中書或門下及尚書）長官的例子，僅得中宗神龍二年至三年間的魏元忠一人；就是兼任六部尚書者，他們在離職後，兼任情況便馬上告終，未有延續發展。但在劉幽求之後，玄宗的若干親信大臣，仍兼任中書（或門下）與尚書兩省長官。

67 《資治通鑑》，卷二百一十，〈唐紀二十六〉，頁六六八六。
68 嚴耕望：《唐僕尚丞郎表（一）》，卷五，〈輯考一上・尚書左僕射〉，頁三二八。
69 《舊唐書》，卷八，〈本紀第八・玄宗紀上〉，頁一七一。

首先，自開元元年十二月，姚崇任紫微令兼兵部尚書開始，迄開元八年（七二〇年）正月，宋璟罷侍中兼吏部尚書之職的六年多時間內，中書令和侍中兼任尚書省長官的情況，從未間斷。[70]尤有進展的是，開元初年，宰相數目已不多，自魏知古罷相後，則姚崇與盧懷慎不只成為僅有的具「當然宰相」身份的三省長官。其後，宋璟的情況更具代表性，他任侍中兼吏部尚書達三年多時間，侍中職位是當時唯一的三省長官，其兼任的吏部尚書也就是當時唯一能進入最高統治集團核心的主行政的尚書省官員。所以，單從這一點來看，開元初年，中書、門下兩省長官已有兼主行政事務的姿態。

再進一層，從政事堂議政的角度分析。開元初年，宰相人數通常只有兩三人，則政事堂內，姚、盧、宋等人既是三省的決策部門代表，又兼充三省的行政部門代表；決策與行政結合的情況，實不喻而明。再者，姚、盧、宋三人所兼任的尚書省官職不具宰相的身份，地位與重要性無法與中書令、侍中相比，故他們三人職官所重者，在主決策的中書、門下兩省的官職，而絕非主行政的「八座」。所以，姚、宋等人在政事堂內的雙重身份，可以進一步理解為政事堂兼行政事務的雛型。

[70] 詳參《新唐書》，卷六十二，〈表第二・宰相表中〉，頁一六八四—一六八六、嚴耕望：《唐僕尚丞郎表（一）》，（北京：中華書局，一九八六）。

求證於實際政治運行上，姚、宋等人不單是制定重要政策的「救時之相」[71]，同時，過問著尚書省如何確切執行政令的工作。開元三年至四年間（七一五—七一六年），蝗蟲為害，朝廷喧議，以驅蝗為不便。玄宗徵求姚崇的意見，姚崇力主捕除，並代表玄宗出令指揮工作，其云：「陛下好生惡，此事請不煩出敕，乞容臣出牒處分。」[72]《舊唐書》卷九十六〈姚崇傳〉：

汴州刺史倪若水……仍拒御史，不肯應命。崇大怒，牒若水曰……若水乃行焚瘞之法，獲蝗一十四萬石。[73]

可見姚崇確實是牒使地方官員執行驅蝗政策。然而，首先，據唐代公式令規定，「牒」原是尚書都省（尚書省官員）專用的文書[74]，中書、門下兩省本無權發「牒」指令百官諸司，以至地方州縣的工作。其次，據《大唐六典》卷一〈尚書都省〉：「凡制敕施行，京

71 《資治通鑑》，卷二百一十一，〈唐紀二十七〉，頁六七〇八。
72 《舊唐書》，卷九十六，〈列傳第四十六・姚崇傳〉，頁三〇二四。
73 《舊唐書》，卷九十六，〈列傳第四十六・姚崇傳〉，頁三〇二四。
74 （日）仁井田陞著，栗勁編譯：《唐令拾遺》，〈公式令・牒式〉（長春：長春出版社，一九八九），頁四九〇。

師諸司有符移關牒下諸州者，必由於都省以遣之。」[75]又《冊府元龜》卷六十〈帝王部・立制度〉：「（高宗）上元三年閏月詔曰：……自今以後，尚書省下諸司、諸州及下縣，宜並用黃紙。」[76]則知具體發命符牒地方州縣執行中央政令的工作，本由尚書省負，中書省及中書令本身並無此項職權。因此，姚崇實際上已執行著原屬尚書省的職能，成為集決策與行政大權於一身的官員。反過來說，原是不同範疇及由不同官署主持的決策與行政兩項工作，也通過政事堂內人事安排而結合在一起。

開元八年正月，宋璟罷侍中兼吏部尚書之職，於是宰相當中乃無身兼中書（門下）及尚書兩省官職的情況。而且，自宋璟去職後，凡一年又八個月，無任何尚書省官員任相，這是武德元年以來，尚書省無人任相的最長一次。[77]尚書省無人任相，則政事堂內自然沒有行政部門的代表，這就意味著政令的構想、草擬、制定以至頒布執行的整個過程，全由主決策的中書、門下兩省長官包辦，無需徵詢尚書省的意見。無怪乎，張嘉貞任中書令時，可以與他引用的中書舍人苗延嗣、呂太一，考功員外郎員嘉靜，殿中侍御史崔訓等，

75 《唐六典》，卷一，〈尚書都省〉，頁一二。

76 《冊府元龜》，卷六十，〈帝王部・立制度〉，頁六七〇。

77 按：高宗龍朔三年（六六三年）正月，李義府罷吏部尚書後，凡一年半內，尚書省無人任相，但當時三省長官全缺；而這次卻僅尚書省缺相。

「常在嘉貞門下共議朝政」[78]，卻並未招來非議。這表明尚書省實際上已處於中書、門下兩省決策機構下僚的狀態，僅僅負責制敕的施行，隱含著行政部門向決策機構負責的意義，從而體現出政事堂已具備兼管行政事務的權力。

開元九年（七二一年）九月，張說雖以兵部尚書同中書門下三品之銜拜相，但論地位與權力皆在中書令張嘉貞之下；加之，張說又常被玄宗委以邊事，征戰於外，難以發揮「知政事官」的作用；而且稍後張說即遷拜中書令，而去兵部尚書之位，宰相之中，再度無尚書省成員。這又一次表現出政事堂兼行政事務的形勢。開元初年，通過政事堂內人事安排所導致的中書、門下兩省長官兼主行政事務，以及稍後的政事堂兼管行政事務等情況，正好是開元十一年（七二三年）「張說奏改政事堂為中書門下，列五房於其後，分掌庶政」的序幕。決策機構兼管行政事務的發展過程已經基本上完成。張說的奏改，只是把長期以來隨著政事堂內、外三省長官地位變化及整體三省關係升降造成的固有狀況，加以總結並制度化起來。

78 《舊唐書》，卷九十九，〈列傳第四十九・張嘉貞傳〉，頁三〇九一。

開元中葉以後，一個時期裡，中書令與侍中兼任左、右僕射或吏、兵部尚書之職成為慣例[79]，正好說明政事堂改為中書門下後，剛建立起來的決策部門兼行政事務的制度，仍未成熟，尚需人事安排來補充。但這無疑宣告唐前期講究獨立分工，而又三位一體、相互協調的嚴格三省制已經終結，從而開始中、晚唐三省制的新局面。

六、小結

唐初承魏晉南北朝餘緒，尚書省位在中書、門下兩省之上，尚書僕射更為群相之首，地位尤重。這樣的局面維持至貞觀年間開始產生變化。太宗一方面有意地減輕，以至架空僕射的職掌，一方面委派親信重臣主持門下省工作；更又設立政事堂議政制度，從而把入唐後的三省制推向一個更完備的新階段。

隨著貞觀末年僕射的懸空及僕射加同三品之銜，重新界定其參加政事堂議政時的地位，乃使政事堂內三省長官並重的新形勢得以建立。政事堂本身也因而發揮著平衡三省地位及協調三省工作的效用。舊史家所謂「中書主出命、門下主封駁、尚書主奉行」的理想

[79] 詳參《新唐書》，卷六十二，〈表第二・宰相表中〉、嚴耕望：《唐僕尚丞郎表（一）》（北京：中華書局，一九八六）。

三省制，就在這樣的條件下操作運轉。可是，由於政事堂議政制度的自身運行特點，有利於中書令的地位及重要性上升，至裴炎遷政事堂到中書省後，政事堂內三省長官並重的局面被打破，中書令已居主導地位。

開元初年，出現了中書、門下兩省長官兼主行政事務以至政事堂兼管行政事務的新形勢。張說奏改政事堂為中書門下，後設五房，分掌庶政，乃是將已有的三省關係及政事堂內外新局面，正式確立為制度。張說的奏改，正好宣告唐前期的三省制已經結束，而中、晚唐以至宋代的三省六部與使職差遣交錯、綜合發展的新時代。

附記：唐前期使職制度的鱔，也是導致張說奏改的另一主要因素，筆者將另行撰文專論這一問題。

論唐前期使職制度與政事堂的發展關係*

一、前論

隋及唐初尚書令僕為宰相正官兼全國最高行政首長[1]，順理成章地尚書省便成為宰相機關兼全國最高行政機關。所以，中央與地方州縣的行政從屬關係是「凡京師諸司有符移關牒下諸州者，必由於都省以遣之」。[2]而「諸道州府上京師諸司者，皆由尚書都省

---

* 本文原載臺北大學歷史系、臺灣國家圖書館合編，《「帝國之禮」國際學術研討會論文集》（電子版），臺北：遠流智慧藏學習科技公司出版，二〇一〇。

1 關於隋及唐代尚書令、僕的問題，可參考唐長孺：〈讀隋書札記一．隋代尚書省長官和他官參預朝政〉，載氏著：《山居存稿》（北京：中華書局，一九八九），頁二九三－二九八。

2 （後晉）劉昫等撰：《舊唐書》，卷四十三，〈職官二〉（北京：中華書局，一九七五），頁一八一七。

勾檢轉致」。[3] 換句話說，即尚書省是代表中央君相指命地方州縣，執行中央的政令；而「京兆、河南、太原牧及都督、刺史，掌……若獄訟之枉議，兵甲興造便宜，符瑞尤異，亦以上聞。其常則申於尚書省而已」。[4] 此即地方州縣等各級政府需向尚書省負責及彙報工作進展。這種以尚書省為中心的行政模式維持到開元十一年（七二三年）「張說奏改政事堂曰中書門下，列五房於其後，分掌庶政」[5] 乃起了新的變化。

《資治通鑑》卷二百一十二〈開元十二年〉：

（勸農使宇文）融驛周流天下，事無大小，諸州先牒上勸農使，後申中書；省司亦待融指撝，然後處決。

又《舊唐書》卷一百零五〈宇文融傳〉：

3 嚴耕望：〈論唐代尚書之職權與地位〉，載氏著：《嚴耕望史學論文選集》（台北：聯經出版事業公司，一九九一），頁四三三。

4 〔唐〕李林甫注：《大唐六典》，卷三十三，〈三府、都督、都護、州、縣官吏〉（東京：廣池學園事業部，一九七三），頁五二四。

5 〔宋〕司馬光編：《資治通鑑》，卷二百一十二，〈開元十一年〉（北京：中華書局，一九八六），頁六七五八。

（宇文）融乃馳傳巡歷天下，事無大小，先牒上勸農使而後申中書；省司亦待融指撝而後決斷。

這兩條史料反映出三個現象。首先《通鑑》與《舊唐書》所指的「中書」，在時間先後次序上，恰在張說奏改以後。所以，單就字面解釋來看，中書固然可以理解為中書省的簡稱，但從唐前期整體三省職權而言，中書省乃負責出發詔令，是絕對無權過問中央與地方的行政事務的[6]；反之在玄宗開元初年，以至張說奏改後的一段時間內，中書門下（政事堂）卻表現出決策機構兼管行政事務的姿態。[7]所以，這裡的「中書」應是中書門下的簡稱，而非指中書省。其次，正如前述，在原有制度上，尚書省能直接指命地方州縣，執行中央的政令，而各級州亦需向尚書省負責及彙報工作。可是，《通鑑》與《舊唐書》卻明確指出「事無大小，諸州先牒上勸農使，後申中書」，則表現出中書門下已執行了原屬尚書省的角色。因此單從行政關係而言，中書門下不僅領導著勸農使的工作，也是領導著地方州縣的。雖云當時的實際情況，中書門下不一定能有效地管轄勸農使或指命地方州縣，

6 詳參拙著：《三省制新探—以隋和唐前期門下省職掌與地位為中心》，第四章，〈唐高宗及武后時門下省與中書省地位的變化〉（北京：中華書局，二〇〇五），頁一九九—二八三。

7 可參拙文：〈唐前期三省地位的變化〉，載《歷史研究》，期二（一九九二年），頁九八—一〇九。

但這是涉及張說與宇文融的政治鬥爭（詳論見後文）；而有一點能肯定的，便是屬於使職性質的勸農使，在行政從屬關係上亦必「文屬」中書門下。同樣地，地方州縣也是行政從屬於中書門下；不然《通鑑》與《舊唐書》何來諸州先牒勸農使，後申中書的說法。所以，日後宇文融雖可凌駕於原有行政部門之上，指撝「尚書都省左、右司」[8]的工作，而始終擺脫不了中書門下內，宰相張說「嫌其擾人不便，數建議違之」[9]的糾纏。結果「融之所奏，（說）多建議爭之」。[10]

最後，在張說奏改政事堂為中書門下後，便馬上令致中書門下與使職和地方州縣之間，呈現行政從屬關係，最終更演變為使、相之間的權力鬥爭。則反映出張說的奏改使中書門下掌管中央與地方等有關行政事務的新行政模式的產生，與使職制度的發展是有著關連的。

本文將嘗試集中探討唐前期使職制度發展與張說奏改政事堂為中書門下的關係，以就教於大雅君子。

8 《資治通鑑》，卷二百一十二，〈開元十年〉，頁六七六一。
9 《舊唐書》，卷九十七，〈張說傳〉，頁三〇五四。
10 《舊唐書》，卷一百零五，〈宇文融傳〉，頁三二二一。

二、玄宗以前使職制度的發展

唐代立國之始，承隋末之亂，戶口數目銳減，從隋煬帝大業五年（六〇九年），戶八百九十萬餘，口四千六百多萬，下降至武德年間的二百餘萬戶，到永徽三年（六五二年），也只得三百八十萬戶而已[11]；尚不及大業年間的一半。故政府面對的各種事務，也自然因為人口銳減而變得較為簡單；社會在久歷戰亂之後，相對地也變得較為穩定。試看「貞觀六年，大省內官，凡文武定員，六百四十三而已」[12]；雖然這與太宗的「惟欲清靜，使天下無事」[13]及「官在得人，不在員多」[14]等思想有關。但中央官僅得六百餘人，實在十分精簡，較之隋的「內官二千五百八十一」[15]，少了四分之三，而太宗猶說「吾以

11 以上數字據〔唐〕杜佑撰：《通典》，卷七，〈食貨七・歷代戶口盛衰〉（北京：中華書局，一九八八），頁一四七—一四八。

12 《通典》，卷十九，〈職官一〉，頁四七一。《資治通鑑》，卷一百九十二，〈貞觀元年〉，頁六〇四三；〔宋〕歐陽修、宋祁、范鎮、呂夏卿等撰：《新唐書》（北京：中華書局，一九八六），頁一一八一。

13 吳兢：《貞觀政要》，卷一，〈政體第二〉（上海：上海古籍出版社，一九八四），頁二二。

14 《資治通鑑》，卷一百九十二，〈貞觀元年〉，頁六〇四三。

15 《通典》，卷十九，〈職官一〉，頁四八一。

此待天下賢財，足矣。」[16]能反映出唐初社會確實是一片事簡民安的景況。這種簡單而穩定的局面，卻有利於三省制的正常運作。亦正好說明以三省六部二十四司為主的原有職官制度，已足夠處理各種不同的事務和問題。

然而，經過了唐初數十年大致安定的發展，到了武則天統治時期，自高宗晚以來的若干社會問題，日趨嚴重，社會形勢也漸轉複雜，其中尤以軍事和逃戶兩問題最為困擾李唐王朝。[17]原來講究分工規程的三省六部二十四司的整齊職官制度，其特點是「對於行政決策則周慎有餘而機敏不足，蓋龐大的國家，其立制之意向，多著重於安定，少留意於變動」[18]，據《唐會要．尚書省諸司》條所載，高宗武則天統治時期朝廷曾多次擴大和完善負責處理具體政務的尚書省的官員編制，如總章二年（六六九年）增置吏部侍郎、兵部侍郎各一員，垂拱四年（六八五年）又增置戶部侍郎、刑部侍郎各一員，永昌元年（六八九年）新置左右司員外郎各一人，加置吏部侍郎、吏部郎中各一人，長壽二年（六九三年）

16 《新唐書》，卷四十六，〈百官一〉，頁一一八一。

17 詳參孟憲實：〈唐代前期的使職問題〉，載吳宗國主編：《盛唐政治制度研究》（上海：上海辭書出版社，二〇〇三），頁一七六-二六五。

18 孫國棟：〈唐代三省制之發展研究〉，載氏著：《唐宋史論叢》（香港：龍門書店，一九八〇），頁一九九。

加置兵部侍郎一員，延載元年（六九四年）加置兵部員外郎一員。[19]吏部、兵部、戶部、刑部和尚書都省官員的增加，正反映無論在選官、邊疆、財政、甚至刑法等問題上，原有以三省六部為首的職官體制似難以應付日益複雜的新問題。於是具臨時差遣性質，「若別制下問，謂不緣曹司，特奉制敕，遣使就問」[20]的使職便因應需要而大派用場。其實早在高祖武德年間，唐室已有委派使職的記錄。據《資治通鑑》卷一百八十六〈武德元年〉所載：

（十月）庚辰，詔右翊衛大將軍淮安王神通為山東道安撫大使，山東諸軍并受節度，以黃門侍郎崔民幹為副。[21]

李神通與崔民幹出任山東道安撫大使及副使，開創了唐代使職制度的先河。他倆出任使職的時間，較之現存最早記載唐代職官制度的官方文獻——武德七年官品令——[22]還要早六

19 詳參〔宋〕王溥《唐會要》，卷五十七、五十八、五十九，〈尚書省諸司〉上、中、下（北京：中華書局，一九五五），頁九七七—一〇四〇。
20 長孫無忌：《唐律疏議》，卷二十五，〈詐偽〉（北京：中華書局，一九八三），頁四五九。
21 《資治通鑑》，卷一百八十六，〈武德元年十月〉，頁五八一六。
22 參《舊唐書》，卷四十二，〈職官志〉，頁一七八三。

年多。可是，在武德令及後來的永泰二年（七六六年）官品令之內，卻始終無有關唐代使職制度的記載。故知唐代的使職制度是一直不預國家基本官制之列，屬令外編制，這與使職具臨時性質，有需要則置，無需要則罷，員數不定，職責不一等特性有關。復因使職是直接向君主負責，超越原有職官體系，不受原有法典——律、令、格、式的規限，靈活性較強，適合處理一些臨時或突發性事。[23]所謂「開元以前，有事于外則命使臣；否則止，自置八節度十採訪，始有坐而為使」[24]，簡單而扼要地論述了開元以前，使職制度的情況。

據近人何汝泉先生的統計，自武德元年（六一八年）十月，李神通出任山東道安撫大使開始，迄弘道元年（六八三年）高宗去世的六十六年間，共產生了十五個使職，平均數為每年〇・三；而往後武則天、中宗、睿宗三朝合共僅二十八年，卻也設置了十五個使職，平均數為每年〇・六九。[25]後者較前者增加的比率達一倍以上。其中單是武則天時期已獨佔十二個，若連同舊有及重覆者在內，則其統治的二十一年間，約有三十一次任命使

23 有關唐代使職制度的發展研究可參陳仲安：〈唐代的使職差遣制度〉，載《武漢大學學報》，期一（一九六三年），頁八七—一〇四；陳仲安、王素合著：《漢唐職官制度研究》，第一章第六節，〈唐後期使職制度的流行〉（北京，中華書局，一九九三），頁九八—一二九。

24 〔唐〕李肇撰：《唐國史補》，卷下（上海：上海古籍出版社，一九七九），頁五三。

25 參何汝泉：〈唐代使職的產生〉，載《西北南師範大學學報（人文社會科學版）》，期一（一九八七年），頁五五—七三。

職的記錄[26]，說明使職制度到了武則天時期，進入了一急劇發展的階段。使職制度在武則天時期獲得急劇發展的原因比較複雜，再加上此非本文所探討的重點所在，故今僅舉一二事例以作簡單說明。

自太宗平定東突厥，高宗征服西突厥和高麗後，周邊族拱手天朝。《舊唐書》卷一百九十四上〈突厥傳上〉說：「永徽以後，殆三十年，北鄙無事。」但到高宗調露年間以後，在唐皇朝西北邊境的東突厥餘部相繼叛唐，至武則天時，其酋骨咄祿與默啜屢敗唐師，連寇朔、代等地。其中默啜更「負勝輕中國，有驕志，大抵與頡利時略等，地縱廣萬里，諸蕃悉往聽命。」[27]對唐室造成很大威脅。與此同時，在西南面的吐蕃，因與唐室爭

---

26 參何汝泉：〈武則天時期的使職與唐代官制的變化〉，載中國唐史學會編：《中國唐史學會論文集》（西安：三秦出版社，一九八九），頁二四五。今引何氏的考證統計，安史亂前各朝使職產生數字於下：

各朝	在位年數	產生使職	每年平均數
高祖	九	二	〇.二二
太宗	二三	七	〇.三〇
高宗	三四	六	〇.一七
武后	二一	一二	〇.五七
中宗	五	〇	〇
睿宗	二	三	一.五
玄宗	四四	四九	一.一

27 《新唐書》，卷二百一十五上，〈突厥上〉，頁六〇四六。

奪對河湟的控制，而致兵戎相見。咸亨元年（六七〇年）大非川一役，「吐蕃相論欽陵將兵四十餘萬就擊之，唐兵大敗」[28]，「吐谷渾全國盡沒……自是吐蕃連歲寇邊，當、悉等州諸羌盡降之。」[29]到武則天時期，情況依舊。《舊唐書》卷一百九十六上〈吐蕃傳上〉也稱：

> 吐蕃自論欽陵兄弟專統兵焉。欽陵每居中用事，諸弟分據方面，贊婆則專在東境。與中國為鄰。三十餘年，常為邊患。

所以，武則天統治之際，唐皇朝邊境常常處於緊張狀態下。可是，正當邊事頻頻告急，需用兵征戰的時候，府兵制卻日漸破壞。據《玉海》卷一百三十八引《鄴侯家傳》所記：

> 時承平既久，諸衛將軍，自武太后之代，多以外戚無能者，及降虜處之。而衛佐之官，以為番上府兵有權，朝要子弟解褐及次任之美官，又多不旋踵而據要津，將軍畏其父兄之勢，恣其所為。自置府，以其番上宿衛，禮之謂之侍官，言侍衛天子

28 《資治通鑑》，卷二百零一，〈咸亨元年〉，頁六三六四。

29 《舊唐書》，卷一百九十六上，〈吐蕃上〉，頁五八一六。

> 也。至是，衛佐悉以借姻戚之家為僮僕執役，京師人相詆訾者，即呼為「侍官」。時關東富實，人尤上氣，乃馬之。至有熨手足以避府兵者；番上者，貧羸受備而來。由是，府兵始弱。

府兵制的破壞，隨之導致邊地屯防制度以及都督、鎮將、戎主的職事，也因而廢馳。原有軍事制度失效，而統治者既不圖挽救，乃不得不尋求其他解決方法。而武則天以任命若干具軍事任務性質的使職，作為應急補救之策。於是她一面復增派前朝曾經設置的舊有軍事使職，如：安撫使，武則天曾先後五次委派安撫大使[30]；如：軍使，首置於高宗儀鳳三年（六七八年），更先後六次委派平狄軍使、靜難軍使、河源軍大使、隴右諸軍大使等職。[31]另方面，又新增置若干新使職，如：防禦使，聖曆元年（六九八年），以夏州鎮

---

30 武則天所委派的五次安撫大使，據各書所載，現詳列於下：

一）光宅元年（六四五年），單于道安撫大使，據《新唐書》，卷四，〈武后本紀〉，頁八二。

二）萬歲通天元年（六九六年），榆關道安撫大使，據《舊唐書》，卷六，〈則天皇后紀〉，頁一二五。

三）聖曆元年（六九八年），河北道安撫大使，據《新唐書》，卷四，〈武后本紀〉，頁九八。

四）長安二年（七〇二年），安東道安撫大使，據《新唐書》，卷四，〈武后本紀〉，頁一〇三。

五）長安四年（七〇四年），靈武道安撫大使，據《資治通鑑》，卷二百零七，〈長安四年〉，頁六五七三。

31 武則天所任命的六次軍使，據各書所載，現詳列於下：

領禦使防禦使之名，自此始。[32]及後，長安二年（七〇二年）又設山東防禦大使，以備突厥[33]；其職責是「治軍事」[34]，並以「無虞為上考」。[35]長安三年（七〇三年）十一月，始安僚族歐陽倩造反，武則天以司封郎中裴懷古為桂州都督，充招慰討軍往征討之。結

一）延載元年（六九四年），河源、積石、懷石、懷遠等軍使，據《冊府元龜》，卷五百零三，〈邦計部・屯田〉，頁六〇三六。
二）神功元年（六九七年），平狄軍副使，據《新唐書》，卷四，〈武后本紀〉，頁九七。
三）聖曆元年（六九八年），靜難軍副使，據《資治通鑑》，卷二百零六，〈聖曆元年〉，頁六五三一。
四）聖曆元年（六九八年），隴右諸軍大使，據《新唐書》，卷四，〈武后本紀〉，頁九八。
五）聖曆二年（六九九年），隴右諸軍大使，據《新唐書》，卷四，〈武后本紀〉，頁一〇一。
六）久視元年（七〇〇年），隴右諸軍大使，據《新唐書》，卷四，〈武后本紀〉，頁一〇〇。

32 《文獻通考》，卷五十九，〈職官二〉（北京：中華書局，一九八六），頁五三八。按：《唐會要》，卷七十八，〈諸使雜錄上〉，頁一四三九，載「天寶十四載十一月，安祿山叛命，諸州當賊衝者，始置防御使。」；《舊唐書》，卷三十八，〈地理一〉，頁一三八九，載「至德之後，中原用兵，刺史皆治軍戎，遂有防御、團練，制置之始。」另〔宋〕高承撰：《事物紀原》，卷六，〈節鉞師漕部〉（臺北市：臺灣商務印書館，一九七一），頁二一七，則記：「武后聖曆元年，以夏州領防御使，祿山犯順，當衝諸州普皆設置之，則是防御使始自則天始也。」又《文獻通考》與《事物紀原》略同。考慮安史亂起，當衝州普遍設置防御使，其始於聖曆元年之說較可取。

33 《新唐書》，卷四，〈武后本紀〉，頁一〇二。

34 《舊唐書》，卷四十四，〈職官二〉，頁一九二三。

35 《新唐書》，卷四十九下，〈百官四下〉，頁一三一〇。

果，嶺外悉定。[36]裴懷古既被委以都督，復要充任招慰討軍使，則明顯說明單憑舊有的軍事制度，實難以應付因新形勢所帶來的新軍事問題。[37]

上述武則天廣設具軍事性質的使職的例子，正好說明原先那套講究分工，規程的職官制度，因欠缺靈活性，兼且事權不一，致使其面對日益複雜的新情況而束手無策。相反地，使職卻有事權較集中，靈活性較高，可隨置隨罷的特性，更在正常編制之外，又不受原有法典規程的限制。故行政效率大為提高，能針對地處理因社會環境變化而帶來的新難題。所以，使職制度是因應三省制（尤指尚書省六部二十四司）的某些缺點，而引發起的另一種官制變化。況且，使職是由皇帝親自任命，向皇帝直接負責，能體現皇權的加強，這對武則天的專政，也有莫大裨益。

在使職制度興起的同時，唐三省發展，也進入一新的變化階段，政事堂兼管行政事務的趨勢越發加強。[38]所以，兩者的發展，基本上是在相同時期內同步前進的，本屬於唐代官制的兩種變化。故剛開始時，兩者間并無明顯的矛盾，加上處於武則天的個人專權統

36 《資治通鑑》，卷二百零七，〈長安三年〉，頁六五六八。
37 就唐前期軍使制度的發展，可參孟憲實：〈唐代前期的使職問題〉，頁一八〇－二一〇。
38 拙文：〈唐前期三省地位的變化〉，頁九八－一〇九。

治下，不論三省六部或使職，皆僅是武則天臨朝稱帝的工具而已，未表現出任何特別的矛盾、衝突。

可是，中宗復位後，在他的《即位赦文》卻馬上指出：

比來委任，稍亦乖方，遂使鞫獄推囚，不專法守；撰文修史，豈任秘書；營造無取于將作；勾勒罕從于比部。多差別使，又著判官，在于本司，便是曠位。并須循名責實，不得越守侵官。[39]

中宗清楚指出使職的越守侵官，令致原來的職官曠位失實。總觀中宗在位五年間，並無增置任何新使職[40]，可能在一定程度上是為了消除原有職官（以三省六部為代表）與使職間的侵越失實關係。原先使職的設置，是為了應付臨時需要，兼補職事官之不足。但任何制度，一旦建立，便難以取消，而其發展雖會與舊有制度有所相配合、補充，惟亦每與原有制度相衝突。因此隨著日後玄宗朝使職的不斷增置，終導致兩者間的矛盾衝突為之表面化

39 〔清〕董誥：《全唐文》，卷十七，〈（中宗）即位詔文〉（上海，上海古籍出版社，一九九〇），頁二〇六。

40 何汝泉：〈唐代使職的產生〉，頁五五—七三。

起來。

三、玄宗開元初年相權提高與使職發展的關係

玄宗即位後，還政於宰相，因此作為政府首長的宰相，不單人數大為減少，其權力亦較之武周時期大為提高和集中。《新唐書》卷一百二十四〈姚崇傳〉：

> 先天末，宰相至十七人，台省要職不可數。（姚）崇常先有司罷冗職，修制度，擇百官各當其材，請無廣釋道，無數移吏。繇是天子責成于下，而權歸于上矣。

傳中指出玄宗即位後，便馬上委姚崇以革新政局的大任。但這段記載也反映出二個現象。第一是從有關政策的制定，與及實際執行，玄宗是完全責成于宰相群臣辦理。第二是玄宗雖把政務交由臣下處理，給予臣下高度的自主權；但他本人卻仍握著最高的權力，控制著整個皇朝的各方面發展方向。這就是先天二年（七一三年）七月，太上皇（即睿宗）下詔

曰：「朕將高居無為，自今軍國政刑一事已上，并皇帝處分。」的意義所在。[41]
關於玄宗責成臣下的情況，《資治通鑑》卷二百零一〈開元元年〉有一段生動的記載：

姚元之（崇）嘗奏請序進郎吏，上（玄宗）仰觀殿居，元之再三言之，終不應；元之懼，趨出。罷朝，高力士諫曰：「陛下新總萬機，宰臣奏事，當面加不否，奈何一不省察！」上曰：「朕任元之以庶政，大事當奏聞共議之；郎吏卑秩，乃一一以煩朕邪！」會力士宣事至省中，為元之道上語，元之乃喜。聞者皆服上識君人之體。[42]

可見玄宗是以實際行動去重建由宰相處理政務的常規。正因為玄宗放手讓宰臣主持政務，從而恢復了開元初年宰相的權力。他們的權力來源不僅得自於玄宗的信任與支持，也是由於政事堂內的獨特安排所使然。姚崇、盧懷慎、宋璟等人，在政事堂內，具有雙重身份，他們既是中書、門下決策部門的長官，又是出席政事堂會議的尚書省長官，自然兼具

41 《舊唐書》，卷八，〈玄宗本紀上〉，頁一六九。
42 按：此條原出李德裕《次柳氏舊聞》：近人丁如明曾進行校輯，丁如明校輯：《開元天寶遺事十種》（上海：上海古籍出版社，一九八五）。

制訂政策和處理行政事務的大權。[43]

另方面，開元初年的宰相數目，一般只得二至三名，較之中宗、睿宗兩朝由最多的

43 今詳列開元十一年以前，任相者及兼任兩職者於下，以作參考：

時間	兼任兩職者	任宰相者
開元元年	姚崇（兵部尚書兼紫微令）	姚崇 魏知古（侍中） 盧懷慎（黃門侍郎同紫微黃門平章事，十二月任。）
開元二年	姚崇（同上）	魏知古（五月罷。） 盧懷慎（檢校黃門監，正月任。） 薛訥（以和戎大武諸軍節度使同紫微黃門三品，正月任，七月除名。）
開元三年	姚崇（同上） 盧懷慎（黃門監兼檢校吏部尚書，正月任。）	姚崇 盧懷慎
開元四年	姚崇（同上） 盧懷慎（同上） 宋璟（吏部尚書兼黃門監，閏十二月任。）	姚崇（十二月罷。） 盧懷慎（十一月去官養病。） 宋璟（同右） 蘇頲（紫微侍郎同紫微黃門平章事，閏十二月任。）
開元五年	宋璟（同上）	宋璟 蘇頲
開元六年	宋璟（同上）	宋璟 蘇頲
開元七年	宋璟（侍中兼吏部尚書）	宋璟 蘇頲

十九人[44]，至一般的六、七人[45]相差甚遠；就是跟法定六名三省長官的基本數目，亦少了一半。這也從一側面反映出開元初年相權集中的情況。[46]此外，在僅有的二、三名宰相

開元八年	宋璟（同上，正月罷。）	宋璟（正月罷。） 蘇頲（正月罷。） 源乾曜（黃門侍郎同中書門下平章事，正月任，五月轉侍中。） 張嘉貞（守中書侍郎同中書門下平章事，正月任，五月轉中書令。）
開元九年	無	源乾曜 張嘉貞 張說（守兵部尚書同中書門下三品，九月任。）
開元十年	無	源乾曜 張嘉貞 張說
開元十一年	張說（兵部尚書中書令，二月任，四月正拜中書令，罷兵部尚書。） 張說（中書令，二月任。）	源乾曜 張嘉貞（二月罷。） 王晙（兵部尚書同中書門下三品，四月任，五月出征，十二月罷。）

44 參《舊唐書》，卷八十八，〈蘇頲傳〉，頁二八七九。

45 可參《舊唐書》，卷一百八十三，〈太平公主傳〉，頁四七三八。

46 有關開元初年相權集中的問題，可參袁英光、王界雲：〈略論有關「安史之亂」的幾個問題〉，載《新疆大學學報・哲社版》，第三期（一九九〇年）、吳宗國：〈隋與唐前期的宰相制度・第五節・唐朝前期宰相人員的配置〉，載氏編：《盛唐政治制度研究》（上海：上海辭書出版社，二〇〇三），頁三十一—六十四。

中，亦常常出現主從正副的格局，如：「上（玄宗）初即位務修德政，軍國庶務，多訪于（姚）崇，同時宰相盧懷慎、源乾曜等，但唯諾而已。」[47]玄宗更曾向盧懷慎說：「朕以天下事委姚崇，以卿坐鎮雅俗耳。」[48]故時人稱姚為「救時宰相」[49]，盧為「伴食宰相」。[50]而宋璟與蘇頲，一則因為蘇頲只是紫微侍郎同紫微黃門平章事屬加銜宰相，論地位及權力，當然不及身兼侍中與吏部尚書兩職的宋璟；再加上「璟剛正，多所裁斷，頲皆順其美；若上前承旨，敷奏及應對，則頲為之助，相得甚悅。」[51]亦擺出以宋璟為主，蘇頲為副的形勢。其後，源乾曜、張嘉貞與張說等人先後拜相，但史稱「乾曜在政事十年，時張嘉貞、張說相次為中書令，乾曜不敢與之爭權，每事皆推讓之。」[52]這亦可見源乾曜是從，二張是主。這樣主從正副的安排，[53]便使實際的權力高度集中於個別宰相手裏。試

47 《舊唐書》，卷九十六，〈姚崇傳〉，頁三〇二五。
48 《資治通鑑》，卷二百一十一，〈開元元年〉，頁六七〇八。
49 《資治通鑑》，卷二百一十一，〈開元元年〉，頁六七〇八。
50 《舊唐書》，卷九十八，〈盧懷慎傳〉，頁三〇六八。
51 《舊唐書》，卷八十八，〈蘇頲傳〉，頁二八八一。
52 《舊唐書》，卷九十八，〈源乾曜傳〉，頁三〇七二。
53 有關玄宗朝用相分正副之說，可參王吉林：〈由唐玄宗時代的宰相看安史亂前的局面〉，載中央研究院國際漢學會議論文集編輯委員會：《中央研究院國際漢學會議論文集・歷史考古組》（上冊）（台北：中央研究院，一九八一），又見氏著：《唐代宰相與政治》，第五章第六節，〈玄宗任相的轉變〉（台北：文

看姚崇能先後肆意排擠侍中魏知古[54]、前尚書左僕射兼侍中，太子少保劉幽求[55]、紫微令張說[56]、紫微侍郎李乂[57]、戶部尚書太子詹事鍾紹京[58]、諫議大夫中書舍人韓思復[59]、刑部尚書趙彥昭[60]、御史中丞崔沔[61]、戶部郎中李邕[62]等一大批高、中級官員，其作風跡近打擊異已，實不能少看其所握的首相權力。無怪乎，日後中書令張說，可以對其副手中書侍郎崔沔放言云「今之中書，皆是宰相承旨制命。侍郎雖是副貳，但署位而已，甚無事也。」[63]崔沔對此雖甚不為然，而「每有制敕及曹事，沔多所異同，張說頗不悅焉。」[64]

津出版社，一九九六），頁一八五—一九二。

54 參《舊唐書》，卷九十八，〈魏知古傳〉，頁三〇六四。
55 參《舊唐書》，卷九十七，〈劉幽求傳〉，頁三〇四一。
56 參《舊唐書》，卷九十七，〈張說傳〉，頁三〇五二。
57 參《舊唐書》，卷一百零一，〈李乂傳〉，頁三一三六。
58 參《舊唐書》，卷九十七，〈鍾紹京傳〉，頁三〇四二。
59 參《舊唐書》，卷一百零一，〈韓思復傳〉，頁三一四九。
60 參《舊唐書》，卷九十二，〈趙彥昭傳〉，頁二九六八。
61 參《舊唐書》，卷一百八十八，〈崔沔傳〉，頁四九二八。
62 參《舊唐書》，卷一百九十中，〈李邕傳〉，頁五〇四一。
63 《唐會要》，卷五十四，〈中書侍郎〉，頁九三四。
64 《舊唐書》，卷一百八十八，〈崔沔傳〉，頁四九二四。

結果，被張說借故調離中書省，外放充魏州刺史。[65]

開元初年的宰相，不單權力大為提高，其性質也起了變化。唐初以來，除具三省長官身份的「當然宰相」外，其他加銜的知政宰相，一律被視為兼職宰相而已。所謂「開元以前，諸司之官兼知政事者，午前議政於朝堂，午後理務於本司。」[66]就是說明其兼職的特性。然而到了玄宗初年，不管三省長官，或是其他知政官員，都有向專職宰相過渡的趨勢。所謂「宰相數少，始崇其任，不歸本司」。[67]姚崇、宋璟、張說等人成為專職宰相，不僅制定朝廷政策，也透過他們在政事堂內的雙重身份，成為主持具體政策執行的國家最高行政長官。[68]因此有需要設立專門屬於宰相的辦公室及工作班子。至開元十一年，玄宗批准宰相張說奏改政事堂為中書門下，後設五房分掌庶政，將既有的政事堂兼管行政事務的局面制度化起來。改名後的中書門下，已由原來宰相議政的地方，變成為宰相制訂政策及處理日常政務的辦公室，這自然大大加強了宰相的行政權力。[69]

---

65 參《資治通鑑》，卷二百一十二，〈開元十二年〉，頁六七六〇。

66 《通典》，卷二十三，〈職官五〉，頁六三二。

67 《舊唐書》，卷一百零六，〈楊國忠傳〉，頁三二四四。

68 拙文：〈唐前期三省地位的變化〉，頁九八—一〇九。

69 可參劉健明：〈論唐玄宗時期的集賢院〉，載黃若瑟、劉健明主編：《隋唐史論集》（香港：香港大學亞洲研究中心，一九九三），頁五十五—六十四。

另一方面，在中宗不設使職的短暫統治結束後，唐代的使職制度進入了空前發展的階段。總計睿宗、玄宗及肅宗三朝五十三年內，共設置了六十二個新使職，平均數為每年一・一六，無論在數量及比例上，均遠超於其他各時期[70]；其中玄宗一朝四十四年，共出現四十九個新使職，平均每年一・一一名，論比例雖不及睿宗的一・五高，但睿宗在位僅二、三年，維期甚短，因而把比例拉高。單就使職產生的數目，玄宗一朝遠遠超於其他各朝之上。由於使職的廣泛設置，使得在尚書省六部四司二十四司之外，又出現了一個直接由玄宗統籌、掌握的獨立使職官僚系統。但是眾多的使職，若全數由君主直接指揮，則與玄宗「天子責成于下，而權歸于上」及重建由宰相總領政務的原意，有所抵觸。既然使職需要歸總，而玄宗卻不願事事親決，則自然考慮在原有的官僚行政系統之上，另設統一機構，掌管全國的行政事務；包括了舊有的三省六部二十四司及新的使職系統，並希望籍此而消除這倆體系之間的矛盾，以進一步提高行政效率。果然，在開元十一年，中書令張說奏改政事堂中書門下，後設五房分掌庶政之時，玄宗馬上准許。張說建議改政事堂為中書門下的關鍵在於「奏」，這表明最終決定權，仍在玄宗手上。這樣在中書門下內辨公的宰相便成為所有使職的上級領導。前文所引「事無大小，諸州先牒勸農使，後申中

---

70 何汝泉：〈唐代使職的產生〉，頁五十五—七十三。

書」，便是使職從屬於中書門下的最佳例證。實質上亦是解決新、舊官僚系統間的矛盾的一種行政安排。

四、奏改的誘因—張說與宇文融的相、使之爭

然而玄宗的安排，卻為需專一其事講究效率的個別使職帶來工作上的不便，甚至從而引起使、相之間的權力鬥爭。

開元初年，在紜紜眾多的使職當中，論權勢之重，地位之高及最獲玄宗信任支持者，首推負責「（檢）括逃移戶口及籍外田」[71]的勸農使宇文融。（按：宇文融曾兼任租地安輯戶、口、租庸地稅、覆田、勸農等使，今以最具影響的勸農使為代表）。[72]因為戶口的大量隱逃，使唐皇朝的正常財政收入出現危機。開元九年（七二一年）正月，監察御史宇文融上言「天下戶口逃移，巧偽甚眾，請加檢括。」[73]獲得玄宗准許，并任命他為覆田勸

71 《資治通鑑》，卷二百一十二，〈開元九年〉，頁六七四四。

72 宇文融曾任的使職及任途升遷，據《資治通鑑》，卷二百一十二，〈開元九至十三年〉、《唐會要》，卷八十四，〈租庸使〉、《舊唐書》，卷一百三十四，〈宇文融傳〉、〔宋〕宋敏求編：《唐大詔令集》，卷一百一十，〈置勸農使安撫戶口詔〉等等。

73 何汝泉：〈唐代使職的產生〉，頁五十五—七十三。

農使主持以後長達四年的全國性檢田括戶工作。期間宇文融曾親自巡歷全國，所至之處，「必招集老幼，宣上恩命」。[74]而玄宗又授予他「所在與官寮及百姓商量處分，乃至賦役差科，于人是非便者，并量事處分」[75]的權力。另外，宇文融更舉派勸農判官二十九人，「分按州縣，括正丘畝，招來戶口而分業。」[76]可見玄宗給予宇文融相當大的權力，替他執行括戶的工作。史稱宇文融括戶括田達到「括得客戶口八十餘萬，田亦稱是」[77]及「羨錢數百萬」[78]的成績。就連後來，宇文融被貶為汝州刺史之時，玄宗仍肯定他的功績，「往以封輯田戶。漕運邊儲，用其籌謀，頗有宏益。」[79]所以，後因「國用不足，上（玄宗）復思之。謂（侍中）裴光庭曰：『卿等皆言融之惡，朕既黜之矣，今國用不足，將若何以佐朕。』光庭等懼不能對。」[80]反映出宇文融的括戶工作，確實能解決當時困擾著唐皇朝的財政危機。

---

74 《舊唐書》，卷一百〇五，〈宇文融傳〉，頁三二一九。
75 《全唐文》，卷二十九，〈置勸農使詔〉，頁三二八。
76 《新唐書》，卷一百三十四，〈宇文融傳〉，頁四五五八。
77 何汝泉：〈唐代使職的產生〉，頁五十五—七十三。
78 《全唐文》，卷二十九，〈置勸農使詔〉，頁三二八。
79 《全唐文》，卷二十二，〈貶宇文融汝州刺史制〉，頁二六一。
80 《資治通鑑》，卷二百一十三，〈開元十七年〉，頁六七六八，

然而，宇文融的括戶政策，在朝廷內部自始至終遭到相當阻力，群臣反對的聲音，屢有聽聞。先是，陽翟縣尉皇甫憬上疏指責括戶之際：

……故奪農時，遂兵受弊……務以勾剝為計，州縣懼罪，據牒即征，逃戶之家，鄰保不濟，又使更輸，……臣恐逃逸，從此更甚。[81]

玄宗雖立刻把皇甫憬貶為盈川尉，但反對意見，仍未停止。《資治通鑑》卷二百一十二〈開元十二年〉：

議者多言（括戶）煩擾，不利百姓，上亦令集百寮于尚書省議之。公卿已下，畏融恩勢，不敢立異。惟戶部侍郎楊瑒獨抗議，以為：「括客免稅，不利居人，徵籍外田稅，使百姓困弊，所得不補所失。」

不久，楊瑒也被外調為華州刺史。皇甫憬、楊瑒等是公開反對宇文融的括戶政策；而若干

81 《唐會要》，卷八十五，〈逃戶〉，頁一五六二。

高級官員卻在暗著持反對態度。如：「宇文融承恩用事，以括獲田戶之功，本司校考為上下，（盧）從愿抑之與之。」[82]至於身居中書令之位的張說對宇文融更抱有敵意。《舊唐書》卷一百零五〈宇文融傳〉：

中書令張說素惡融之為人，又患其權重，融之所奏，多建議爭之。融揣其意，先事圖之。中書舍人張九齡言于說曰：「宇文融承恩用事，辯結多詞，不可不備也。」說曰：「此狗鼠輩，焉能為事！」融尋兼戶部侍郎。從東封還，又密陳意見，分吏部為十銓典選事，所奏又為說所抑。……

有關宇文融與張說的鬥爭，原因是多方面的。他倆對括戶政策的紛歧，只是表面理由，骨子存在各種不同因素。今集中從使、相權力相侵的角度來進行解釋。[83]

正如上節所述，開元初年宰相權力在不斷強化集中，以至出現個別宰相專掌決策與行政大權的情況。與此同時，玄宗又需要依賴括戶括田的方法來解決財政危機。於是給予

82 《舊唐書》，卷一百，〈盧從愿傳〉，頁三一二四。

83 近人閻守誠曾撰文〈論張說與宇文融之爭〉，載《晉陽學刊》，期四（一九八九年），頁六五—七〇，專門探討此問題。本文若干的觀點源自閻文，今特言明，不敢掠美。

勸農使宇文融極大的權力，導致「事無大小，諸州先牒上勸農使，後申中書，省司亦待融指撝，然後處決。」不單地方官員牒報須先上勸農使，甚至連尚書省左、右司亦須聽其指撝。宇文融的權力侵犯了宰相的權威，勢必引起兩者間的矛盾衝突。而事實亦證明，張說與宇文融的政爭，與此有密切關係；張說就是因為「患其（宇文融）權重。」而「融等每有奏請，皆為說所抑」。[84]但可惜這又是在當時現實政治環境下，唯一能解決財政危機的途徑。首先，三省中主實際政務的尚書省六部二十四司，組織較簡單齊整，官員名額有所限定。其中負責「分理戶口，井田之事」的戶部司[85]；固定編制為「郎中二人、員外郎二人、主事四人、令吏十七人、書令吏三十四人、亭長六人、掌固十人。」[86]其中僅郎中、員外郎、主事等八人進入九品之列，其他全為流外官；對於應付其原有的職掌，即統籌全國的土貢收取，戶籍編制，戶籌劃分，百姓遷徙，土地管理，賦役調整，課稅增減等行政工作[87]，已甚為吃力。此際，玄宗要在全國範圍內展開檢括戶田，其工作量異常浩大，是

84 《舊唐書》，卷九十七，〈張說傳〉，頁三〇五四。

85 《舊唐書》，卷四十三，〈職官二〉，頁一八二五。

86 《大唐六典》，卷三，〈尚書戶部〉，頁五一。

87 有關尚書省六部二十四司負責頒行政務的職權及其與九寺五監主具體執行的關係，可參嚴耕望：《唐僕尚丞郎表》，卷一，〈述制〉（北京：中華書局，一九八六），頁一─十九及嚴耕望：〈論唐代尚書省之職權與地位〉，載《中央研究院歷史語言研究所集刊》，第二十四期（一九五三年），頁一─六十八。

絕不能再責成及依賴本來已經是員少事多的戶部司來主持的。這樣，只好另設使職，抽調人員，負責這項繁重的工作。其次因括戶工作所遇到的阻力甚大，加之其涉及面較廣；玄宗必需賦予以宇文融為首的勸農使及判官們更大的權力，以集中事權，提高效率。所謂「開元已前，事歸尚書，開元之後，權移它官。」[88]就是說明開元初年，玄宗任命使職，對尚書省權力侵奪的情況。而宇文融充勸農使主持括戶的例子，尤其具有代表性。位居首相的張說對此豈可視而不見，基於開元初年原先作為群相議政地方的政事堂，無論在格局及性質上都較前朝起了較大的變化。（見前述）政事堂已表現出決策機構兼管行政事務的姿態，漸漸取代尚書省的地位成為全國最高行政機關。[89]張說自然能因勢利導地向玄宗建議改政事堂為中書門下，以圖將獨立於原有行政體系之外的勸農使及其有關工作亦納入中書門下的統轄，藉此而約制宇文融的勸農使權力。其實張說的奏改是將既有的政事堂兼管行

88 《舊唐書》，卷四十八，〈食貨上〉，頁二〇八五。
89 參前引拙文：〈唐前期三省地位的變化〉，第五節〈從中書門下兩省長官兼主行政事務到政事堂兼管行政事務〉，頁一〇七－一〇九、魏向東：〈論唐玄宗時期的政事堂宰相獨斷制〉，載《中國史研究》，第四期（一九九二年），頁八十六－九十五。

政事務的局面，制度化起來。而他與宇文融之間的個人權力鬥爭，不過是「奏改」的導火線。[90]

然而「奏改」以後，張說與宇文融的鬥爭，仍未見有立刻緩和之勢，反而越演越烈。結果，玄宗將他倆相相罷退不用，就表明玄宗欲重建事權專一的官僚系統，故不能容忍朝臣有相互爭權不協的表現。這點從日後玄宗罷退李元紘與杜暹、蕭嵩與韓休，以至於張九齡的事例，能作旁證。

五、結論

自高宗晚年及武則天統治時期開始，隨著政務的日趨複雜，具臨時差遣性質的各種使職活躍於政治舞台之上。而原先以三省六部二十四司為首的舊有職官制度，卻一來因其講究各自獨立而互不干涉，所謂「周慎有餘而機敏不足」；再者又受固有的律、令、格、式的規限，其應變能力不足的缺點便暴露出來。因此，使職制度乃成為統治者用以解決問題的新憑藉。玄宗時期，使職制度獲得空前的發展，大量新舊使職的踴現，乃導致在三省六

90 可參吳麗娛：〈論唐代財政三司的形成發展及其與中央集權制的關係〉，載《中華文史論叢》，第一期（一九八六年）。

部二十四司原有職官系統外，又構成一各自為政，並直接向君主負責的使職系統。新舊官僚系統並存運作之際，難免引起矛盾、衝突。

另一方面，玄宗即位後，還政於宰相，令相權大為提高和集中。玄宗既責成宰相，授之以權，但卻又委使職以專任。則使、相之間的權力鬥爭勢難避免。張說奏改政事堂為中書門下，後設五房分掌庶政，將已有的政事堂兼管全國行政事務的新形勢，確立唐代「中書門下體制」。[91]其目的一方面是為了解決新舊官僚體系間糾纏不清的矛盾關係，使兩者能有所一統；另方面亦希望藉此而約制深獲玄宗寵信的勸農使宇文融的權力。

[91] 參劉後濱：《唐代中書門下體制研究——公文形態・政務運行與制度變遷》，第四章第四節，〈中書門下體制的建立〉（濟南：齊魯書社，二〇〇四），頁一七六－一八一。

從政事堂內看三省地位的變化*

一、引言

唐初三省之中，尚書省上承君相，下行百司，是國家最高行政事機構[1]，尚書都省又是全國最高行政的總樞紐。[2]而尚書左右僕射既是「正宰相」[3]，師長百僚[4]，又「掌統

* 本文原刊張國剛主編：《中國中古史論集》（天津：天津古籍出版社，二〇〇三），頁三二二—三三六。

1 郭鋒：〈唐尚書都省簡論〉，載《中國史研究》，第三期（一九八九年），頁三十九。

2 孫國棟：《唐會要中央重要文官遷轉途徑研究》（香港：龍門書店，一九七八），頁二。

3 〔宋〕王溥：《唐會要》，卷五十七，〈左右僕射〉（臺北：世界書局，一九八二），頁九九〇。又〔唐〕劉肅：《大唐新語》，卷十，〈厘革第二十二〉（北京：世界書局，一九八四），頁一五〇；〔宋〕司馬光：《資治通鑑》，卷二百〇八，〈唐紀二十四・中宗神龍元年〉（北京：中華書局，一九五六），頁六五九四；〔宋〕錢易：《南部新書》甲篇（上海：商務印書館，《叢書集成初編》本，一九三六），頁一等所載同。

4 《唐會要》，卷五十七，〈左右僕射〉，頁九九三。

理六官，綱紀庶務」[5]。雖其工作性質只是「受其成事」[6]、「奉行」而耳[7]，卻官居從二品，是《唐會要》卷五十七〈左右僕射〉所謂的：

端揆之重，師長百僚，雖在別司，皆為統屬。[8]

僕射品位在侍中和中書令之上，在禮儀方面，僕射地位尤為隆重。《唐國史補》曰：

南省政事，左右僕射上，宰相皆送，監察御史奉案，員外郎奉筆，殿中侍御史押打，自丞郎、御史中丞皆受拜。[9]

5 〔後晉〕劉昫等：《舊唐書》，卷四十三，〈職官二・尚書左右僕射〉（北京：中華書局，一九七五），頁一八一六。
6 〔唐〕李林甫等編著：《唐六典》（北京：中華書局，一九九二），〈尚書都督〉，頁六。
7 〔宋〕王應麟著，〔清〕萬斯同集注：《困學紀聞集證》卷十三上，〈考史〉（臺北：中華叢書編審委員會，一九六〇），頁三，引趙升《朝野類要》。
8 《唐會要》，卷五十七，〈左右僕射〉，頁九九三。
9 〔唐〕李肇：《唐國史補》卷下（上海：上海古籍出版社，一九七九），頁五十。

「中書、門下及三品以上入閣議事」者[10]，亦以尚書左右僕射的品位最高。另方面，唐初因隋制，以三省長官為宰相，而尚書左、右僕射地位最隆，權力最大，責任亦最重。[11]高祖、太宗時期任僕射的俱為元勛重臣，如裴寂、蕭瑀、封德彝、長孫無忌、房玄齡、杜如晦、溫彥博、高士廉等。[12]特別是貞觀年間長期任左僕射的房玄齡，是太宗的元從舊臣，位望極隆。尚書僕射，在政事堂群相議政時，由於品位高於侍中、中書令及其他加議政銜的官員，乃隱含由尚書左右僕射領導群相議政，於是政事堂內遂容易產生尚書僕射意見會成為主流意見的局面。[13]貞觀末年，僕射一職長期出闕[14]，或許有使政事堂群相

10 《資治通鑑》，卷一百九十二，〈唐紀八‧太宗貞觀元年〉，頁六〇三一。

11 據〔宋〕歐陽修、宋祁撰：《新唐書》，卷四十六，〈百官一〉（北京：中華書局，一九七五），頁一一八二。所載：「太宗曾為尚書令，臣下避不敢居其職，由是僕射為尚書省長官，與侍中、中書令號為宰相之職。」

12 孫國棟：《唐會要中央重要文官遷轉途徑研究》，第二章，〈中央各重要文官遷轉情況的個別探討〉，頁一二二。

13 劉磐修：〈唐貞觀闕置尚書令辨析〉，載《菏澤師專學報‧社會科學版》，第二期（一九九一年），頁六十四。

14 可參《新唐書》，卷六十一，〈宰相表上〉及嚴耕望：《唐僕尚丞郎表》（北京：中華書局，一九八六）所載，尚書左僕射一職自貞觀十六年（六四二年）七月房玄齡遷司空後，一直出闕不除人。至貞觀二十三年（六四九年）九月高宗即位後，李勣由開府義同三司遷左僕射，才再次授員。而尚書右僕射一職自高士

議政之時，能擺脫品位較高的尚書左右僕射羈絆的意味。但這畢竟是權宜之計，只是人事的安排，而非從制度上根本解決政事堂內尚書僕射的地位獨高所產生的種種弊端。

二、李勣始作僕射加同中書門下三品

貞觀二十三年（六四九年）五月己巳日，太宗去世。當時編制內規定的六名三省長官中，僅得中書令褚遂良一人在職，其餘五職皆出闕。[15]另外，長孫無忌以司徒「檢校中書令，知尚書、門下三省事」[16]，是當時唯一的加銜宰相。高宗繼位前後，據《舊唐書》卷四〈高宗紀上〉所載，曾作出一連串的人事安排，同月庚午日：

以禮部尚書、兼太子少師、黎陽縣公于志寧為侍中，太子詹事、兼尚書左丞張行成兼侍中、檢校刑部尚書，太子右庶子、兼吏部侍郎、攝戶部尚書高季輔為兼中書

15 廉於貞觀十七年（六四三年）六月罷官後，亦一直出闕不除人。至高宗永徽二年（六五一年）八月，張行成由侍中遷尚書右僕射，才再次授員。

16 《新唐書》，卷六十一，〈宰相表上〉，頁一六三七。
《新唐書》，卷六十一，〈宰相表上〉，頁一六三七。

令、檢校吏部尚書，太子左庶子、高陽縣男許敬宗兼禮部尚書。[17]

至六月辛巳日「以疊州都督李勣為特進檢校洛州刺史」[18]，癸未日「長孫無忌為太尉，兼檢校中書令，知尚書、門下三省事。無忌固辭知尚書省事，帝（高宗）許之，仍令以太尉同中書門下三品」[19]，癸巳日「以李勣為開府儀同三師，同中書門下三品」。[20] 從上述的官員調動，可發現高宗並無任命尚書左、右僕射。高宗繼位後，僕射一職依然出闕，與昔日高祖及太宗即位後，便任命親信為尚書僕射的情況有所不同。[21] 直至同年九月乙卯日，高宗「以李勣為尚書左僕射中書門下三品」。[22] 然而高宗為甚麼要在即位三個多

17 《舊唐書》，卷四，〈高宗紀上〉，頁六十六。

18 《舊唐書》，卷四，〈高宗紀上〉，頁六十六。按《資治通鑑》，卷一百九十九，〈唐紀十五・太宗貞觀二十三年〉，頁六二六八。係此條於六月，丁丑日。兩者相關四天，不知所據何在。

19 《資治通鑑》，卷一百九十九，〈唐紀十五・太宗貞觀二十三年〉，頁六二六八。《舊唐書》，卷四，〈高宗紀上〉，頁六十六，所載略同。

20 《舊唐書》，卷四，〈高宗紀上〉，頁六十六。

21 據《舊唐書》，卷一，〈高祖紀〉，頁七。所載高祖即位後，便授裴寂尚書右僕射之職；同樣太宗於武德九年（六二六年）七月以蕭瑀為尚書左僕射、封德彝為右僕射。（見《舊唐書》，卷一，〈太宗紀上〉，頁三十。）

22 《新唐書》，卷六十一，〈宰相表上〉，頁一六三七及《資治通鑑》，卷一百九十九，〈唐紀十五・太宗貞觀二十三年〉，頁六二九六俱載李勣於貞觀二十三年九月被任命為尚書僕射、同中書門下三品；而《舊

月後，並經過三次調遷，才委任李勣（五九四－六六九年）為右僕射，帶「同中書門下三品」之銜，開創唐初「僕射始帶中書門下（三品）」之例。[23]此後六十多年，拜僕射者例兼「同中書門下三品」。據《資治通鑑》卷一百九十九〈唐紀十五・太宗貞觀二十三年〉所載：

> 上（太宗）謂太子（即高宗）曰：「李世勣才智有餘，然汝與之無恩，恐不能懷服。我今黜之，若其即行，俟我死，汝於後用為僕射，親任之，若徘徊顧望，當殺之耳。」五月，以同中書門下三品李世勣疊州都督；世勣受詔，不至家而去。[24]

可知任命李勣為僕射是太宗的遺旨。[25]值得注意的是，太宗並無言明任僕射者需帶

唐書》，卷四，〈高宗紀上〉，頁六十七。卻系此事於八月，未知所據。

23 《舊唐書》，卷四，〈高祖紀上〉，頁六十七。

24 《資治通鑑》，卷一百九十九，〈唐紀十五・太宗貞觀二十三年〉，頁六二六六。而《舊唐書》，卷六十七，〈李勣傳〉，頁二四七八所載：「（貞觀）二十三年，太宗寢疾，謂言宗曰：『汝於李勣無恩，我今將責出之。我死後，汝當以僕射，即荷汝恩，必致其死力』。……高宗即位……是歲，冊拜尚書左僕射。……」所載相同，但並無言及殺李勣之事。

25 然據〔唐〕劉餗：《隋唐嘉話》（北京：中華書局，一九七九），卷中所載：「太宗病甚，出英公（李勣）為疊州刺史，謂高宗曰：『李勣才智有餘，屢更大任，恐其不厭伏於汝，故有此授。今若即發，我死

「同中書門下三品」之銜。高宗按太宗遺意，任命李勣為尚書僕射。高宗要重新任命僕射，如不先行解決政事堂內尚書僕射與群相品位高低不平的弊病，則真正「百司商量，宰相籌畫，於事穩便，方可奏行」便難以開展。[26]李勣開創拜僕射者兼「同中書門下三品」的先例，「至神龍初，豆盧欽望為僕射，不帶三品，不敢參議政事。」[27]然而為何僕射一職在貞觀十七年（六四三年）停授約六年之後，在高宗即位後再授之時要帶「同中書門下三品」之銜？因史無明文所載，杜佑在《通典》卷二十二〈職官四・尚書僕射〉云：

> 乃貞觀末，除僕射，必加「同中書門下平章事」及「參知機務」等名，方為宰相，不然則否。然為僕射者，亦無不加焉。[28]

後，可親任之。如遲疑顧望，便當殺之』。惟考慮其他傳世史料所載及高宗即位後的一連串人事調動，高宗之任李勣為僕射，似有所依。所以《隋唐嘉話》所載，有孤證不立之嫌，故不從。

26 〔唐〕吳兢：《貞觀政要》，卷一，〈政體第二〉（上海：上海古籍出版社，一九七九），頁一五。

27 《大唐新語》，卷十，〈厘革第二十二〉，頁一五〇。又《唐會要》，卷五十七，〈左右僕射〉，頁九九〇：「豆盧欽望自開府儀同三司拜左僕射，既不言同中書門下三品，不敢參議政事。」所載略同。

28 〔唐〕杜佑：《通典》，卷二十二，〈職官四・尚書僕射〉（北京：中華書局，一九八八），頁五七九。接杜佑的說法，亦並不太清楚。考太宗貞觀年間，並無僕射需加號之例。僕射加號始於太宗崩後，而所加的是「同中書門下三品」，非《通典》所說的「同中書門下平章事」及「參知政務」之銜。

後世學者大多主張尚書僕射自加時要帶「同中書門下三品」銜後，便不再是當然宰相[29]，認為增加「同中書門下三品」是排擠尚書僕射，限制了僕射的當然身份。[30]尚書僕射如沒有加銜，反而不是宰相。[31]此外，也有學者從黨派鬥爭的角度分析，認為推其原因，當係李勣繼長孫無忌之後，總知三省事。若不如此，則既為尚書左僕射，已為宰相正員，何必又加「同中書門下三品」。[32]可是，據唐初實際情況而言，相信僕射帶「同中書門下三品」銜的意義，恐怕不在於宰相身份的問題上。比《通典》早出六十多年[33]，成書於玄宗開元年間的《唐六典》敘述尚書僕射職權的發展，其原注為：

> 初亦為宰相之職也。開元中，張說兼之。後罷知政，猶為丞相，自此已後，遂不知國政。[34]

---

29 岑仲勉：《隋唐史》，卷下第五節，〈宰相制度之屢變〉（北京：高等教育出版社，一九八二），頁一一四。

30 王素：《三制制略論》，第八章第一節，〈三省首長制的破壞〉（濟南：齊魯書社，一九八六），頁一九八。

31 左言東：《中國政治制度史》（杭州：浙江古籍出版社，一九八六），頁二四五。

32 王吉林：〈從黨派鬥爭看唐高宗武后時代宰相制度的演變〉，載傅樂成：《傅樂成教授紀念論文集——中國史新論》（臺北：學生書局，一九八五），頁四五〇。

33 據《通典》附杜佑〈進《通典》表〉所述，書成於唐德宗貞元十七年（八〇一年），上距《唐六典》成書的開元十七年（七三九年），凡六十二年之多。

34 《唐六典》，卷一，〈尚書都省〉，頁七。

開元君臣對貞觀末年尚書僕射加「同中書門下三品」銜之事，隻字不提，則反映《唐六典》的編纂者，認為尚書僕射加「同中書門下三品」職銜後，並無失去宰相或知國政的身份。[35]直到開元十四年（七二六年），右丞相（右僕射）張說（六六七－七三〇年）「停兼中書令」之職[36]，才起了根本的變化。從此尚書左、右僕射失去了知國政的權力，被排斥於宰相的行列之外。[37]故李勣在高宗初年，以尚書左僕射帶「同中書門下三品」職銜的用意，應不在宰相身份的問題上。再者李勣本人，兩唐書本傳中，亦無片言隻字提及尚書左、右僕射須帶「同中書門下三品」之銜，方可行宰相之事。反而李勣卻是繼續效法房玄齡的「頻表請解僕射」[38]及長孫無忌「固辭知尚書省事」的舊例，[39]亦「抗表求解僕射」。[40]況且，現存貞觀末、永徽年間史料中，亦尋找不到尚書僕射不帶「同中書門下三

---

35 可參看（日）田中熏：《唐代尚書左右僕射之「不知國政」》，載《史泉》，第三十二號（一九六六年），頁五十三－六十二。

36 《舊唐書》，卷八，〈玄宗紀上〉，頁一八九。

37 唐國剛：《唐代官制》，第一章，〈宰相制度〉（西安：三秦出版社，一九八七），第六頁。

38 《舊唐書》，卷六十六，〈房玄齡傳〉，頁二四六二頁。

39 《舊唐書》，卷六十五，〈長孫無忌傳〉，頁二四五四。又《資治通鑑》，卷一百九十九，〈唐紀十五・太宗貞觀二十三年〉，頁六二六八，所載同。

40 《舊唐書》，卷六十七，〈李勣傳〉，頁二四八七。

品」銜是失去宰相身份的記載，所以，李勣開此先例時，目的不會如後世學者所說是為了取消僕射的當然宰相身份。若細心分析《大唐新語》卷十〈釐革第二十二〉所載：

自武德至長安四年以前，僕射並是正宰相，故太宗謂房玄齡等曰，「公為宰相，當大開耳目，求訪賢哲」即其事也。神龍初，豆盧欽望為僕射，不帶同中書門下三品，不敢參議政事。韋安石為僕射、東都留守，自後僕射不知政事矣。[41]

指出僕射豆盧欽望（六三〇—七〇九年），不帶「同中書門下三品」銜，便不敢參政議事，則明顯此銜與參議政事有直接關係，而所謂宰相的身份反屬其次。今試從「參議政事」的角度探討僕射帶「同中書門下三品」的意義。

三、政事堂內僕射帶同中書門下三品

考「同中書門下三品」之銜創於貞觀十七年四月，據《資治通鑑》卷一百九十七〈唐

41 《大唐新語》，卷十，〈厘革第二十二〉，頁一五〇。

紀十三・宏宗貞觀十七年〉所載，太宗詔以：

蕭瑀為（太子）太保，李世勣為（太子）詹事。瑀及世勣並同中書門下三品，同中書門下三品自此。[42]

至李勣於貞觀二十三年以左僕射帶此銜之前，據史傳所載曾帶「同中書門下三品」之銜的官員有下列數例：

一、高士廉：貞觀十七年六月至二十一年（六四七年）正月，先後以開府儀同三司兼太子太傅同中書門下三品。[43]

---

42 《資治通鑑》，卷一百九十七，〈唐紀十三・太宗貞觀七年〉，頁六一九七。又《唐會要》，卷五十一，〈官號・名稱〉，頁八八四與《新唐書》，卷四十六，〈百官一〉，頁一一八二無載蕭瑀之任命。而據《舊唐書》，卷三，〈太宗紀下〉，頁五十四、《舊唐書》，卷六十三，〈蕭瑀傳〉，頁二四〇二；《新唐書》，卷二，〈太宗紀〉，頁四十二、《新唐書》，卷六十一，〈宰相表上〉，頁一六三五及《新唐書》，卷一百〇一，《蕭瑀傳》，頁三九五一俱記載蕭瑀於貞觀十七年拜太子太保同中書門下（三品）。則相較之下，《資治通鑑》所載較《唐會要》及《新唐書・百官一》為佳。

43 《新唐書》，卷六十一，〈宰相表上〉，頁一六三五—一六三六及嚴耕望：《唐僕尚丞郎表》，頁二十五。

二、長孫無忌：貞觀十七年，太子承乾（李承乾，六一九—六四五年）被廢，太宗立晉王治，以無忌為太子太師同中書門下三品。[44]貞觀二十三年六月，以太尉同中書門下三品。[45]

三、李勣：貞觀二十二年（六四八年），太子詹事轉太常卿，仍同中書門三品[46]；貞觀二十三年六月，以開府儀同三司同中書門下三品。[47]

以上三人連同蕭瑀，總計凡四人七次帶「同中書門下三品」。而這七人次的本官分別是：太子太保（從一品）、太子詹事（正三品）、太子太傅（從一品）、太尉（正一品）、太

---

44 《新唐書》，卷一百〇五，〈長孫無忌傳〉，頁四〇二〇。但《資治通鑑》，卷一百九十七，〈唐紀十三・太宗貞觀十七年〉，《舊唐書》，卷六十五，〈長孫無忌傳〉俱無此條。未知其所據，今兩存。

45 《資治通鑑》，卷一百九十九，〈唐紀十五・太宗貞觀二十三年〉，頁六二六八。《舊唐書》，卷六十五，〈長孫無忌傳〉，頁二四五四，所載同。

46 《舊唐書》，卷六十七，〈李勣傳〉，頁二四八七。《新唐書》，卷九十三，〈李勣傳〉，頁三八一九，所載略同。

47 《新唐書》，卷六十一，〈宰相表上〉，頁一六三七。又《資治通鑑》，卷一百九十九，〈唐紀十五・太宗貞觀二十三年〉，頁六二六八；《舊唐書》，卷六十七，〈李勣傳〉，頁二四八七；《新唐書》，卷九十三，〈李勣傳〉，頁三八一九等所載略同。

常尉（正三品）、開府儀同三司（從一品）。雖全屬「清望官」[48]，但全不預三省六部之列，其中除太常卿有一定的職責外，其他均為無實權的清望官，其中開冷儀同三司更是散官；另外尚有一共同點：蕭瑀、高士廉、長孫無忌和李勣等四人皆屬元老勛臣。由此推斷，尚書僕射始帶「同中書門下三品」以前，此銜是授予位高而無實權的元老重臣的。與此同時，因政事堂議政制度是於貞觀年間確立，這樣「同中書門下三品」便成為那些位高卻無實權的元老功臣參加政事堂議政時所挂的職銜，其地位及重要性俱在其他加銜宰相之上。[49]

另一方面，正如前文所述，貞觀年間尚書僕射是否授人已無關重要，「尚書僕射變得尊而不親」[50]，李勣本人不單是三朝元老，轉拜左僕射之前，又是以開府儀同三司帶「同中書門下三品」之銜。凡此種種，莫不為僕射帶「同中書門下三品」職銜創造了有利的形勢。尚書僕射既帶「同中書門下三品」之銜，則僕射參與政事堂會議之時，其地位便不會凌駕中書、門下兩省長官之上。歐陽修在《新唐書》所云：

---

48 《舊唐書》，卷四十二，〈職官一〉，頁一八〇四。

49 孫國棟：〈唐代三省制之發展研究〉，載氏著：《唐宋史論叢》（上海：上海古籍出版社，二〇一〇），頁一二七—一二八。

50 魏向東：〈試論唐代政事堂宰相集議制度〉，載《蘇州大學學報（哲學社會科學版）》，第二、三期（一九八九年），頁一六六。

同中書門下三品，謂同侍中、中書令也。[51]

正說明了尚書僕射帶「同中書門下三品」的意義。從此政事堂內三省長官平列，並無高低之分。[52]群相議政時，便能做到「宰相籌劃，於穹穩便，方可奏行」。

四、政事堂外三省長官任免遷轉看三省地位的變化

貞觀晚年到高宗永徽初年，長孫無忌受命輔政。他貴為帝舅，又是三朝元老，其權勢實凌駕於三省長官之上。[53]長孫無忌更曾檢校中書令知尚書門下三省之事，以一人而兼綜三省，權傾一時，實為「太宗末年君主遭遞之際的一種變態」[54]。永徽、顯慶年間長孫無忌雖然大權獨攬，故被稱為「竊弄權威」[55]，「王莽、司馬懿之流」[56]，「為宰相三十

51 《新唐書》，卷四十一，〈百官一〉，頁一一八二。

52 魏向東：〈試論唐代政事堂宰相集議制度〉，頁一六五。

53 王盛恩、彭沛：〈長孫無忌政治生涯評議〉，載《南部學壇》，第四期（一九九六年），頁二十九—三十一。

54 孫國棟：〈唐代三省制之發展研究〉，頁一一九。

55 《資治通鑑》，卷二百，〈唐紀十六・高宗顯慶四年〉，頁六三一三。

56 《新唐書》，卷一百〇五，〈長孫無忌傳〉，頁四〇二一。

年，天下畏其威」[57]，且氣焰極盛[58]，但在他主政期間，並無破壞三省正常運作的行為；反之有史料顯示當時中書、門下兩省確實執行擬招和審駁的工作。據《冊府元龜》卷四百八十〈台省部・奸邪二〉載：

> 李義府，高宗時為中書舍人，太尉長孫無忌惡之，奏請左遷為壁州司馬。敕詔未至門下，義府密知之。又有中書舍人王德儉，即許敬宗之甥也。瘿疾多智，時人號為智囊。義府事迫，問計於德儉，曰：「武昭儀特承恩，顧主上意，欲立為皇后，猶豫不決者，直恐宰臣異議爾。公若能建策立之，則轉禍為福，坐致富貴」。義府然之。其日代德儉宿直，叫閤下表，請廢皇后王氏立武昭儀，以厭眾庶之心。帝乃

---

57 《資治通鑑》，卷二百，〈唐紀十六・高宗顯慶四年〉，頁六三一三。

58 趙克堯：〈武后之立與君相權力之爭〉，載氏著：《漢唐史論集》（上海：復旦大學出版社，一九九三），頁一八八。具體的事例如《舊唐書》，卷六十五，〈長孫無忌傳〉，頁二四五四所載：帝（高宗）曰：「又聞所在官司，猶自多有顏」。無忌曰：「顏面阿私，自古不免。然聖化所漸，皆向公，至於肆情曲法，實謂必無此事。小小收取人情，恐陛下尚未免，況臣下私其親戚，豈敢頓言絕無。」又《資治通鑑》，卷一百九十九，〈唐紀十五・高宗永徽二年〉，頁六二七三－六二七五，所載略同。高宗責難臣下相互徇私，而作為宰相的長孫無忌不但沒有代為謝罪，反而強辯聲稱高宗亦不能避免這些錯誤，其氣焰之盛，可見一斑。

悅，召見與語，賜以珍物，詔留為舊職。昭儀又密遣勞勉之，超遷（義府）中書侍郎。[59]

長孫無忌雖憎惡李義府，但李義府貶官的詔令，仍須經過中書、門下兩省。無忌縱有左右朝政的權力，始終無法超越中書定旨、門下覆審的手續。因此，李義府以中書舍人的身份，事先乃得悉自己將被貶謫，而及早作出應變之計，上表高宗支持立武則天為后。[60]結果，不單留職，沒有被貶，及後更獲晉升為中書侍郎。

顯慶四年（六五九年）四月，左僕射于志寧（五八八－六六五年）轉為太子太師，仍同中書門下三品後[61]，迄上元二年（六七五年）八月，劉仁軌由左太子左庶子同中書門下

59 〔宋〕王欽若等編：《冊府元龜》，卷四百八十，〈台省部・奸邪二〉（北京：中華書局，一九六〇），頁五七二三。

60 有關高宗廢立皇后的研究，黃永年認為不能過於高估李義府等人在高宗廢立皇后一事中的作用，可參看黃永年：〈說永徽六年慶立皇后事真相〉，載氏著：《唐代史事考釋》（臺北：聯經出版事業公司，一九九八），頁七十五－九十二；汪籛：〈唐高宗王武二后廢立之爭〉，載氏著：《汪籛隋唐史論稿》（北京：中國社會科學出版社，一九八一），頁一六五－一六八，認為廢立皇后事件的背後，實際上是新進官員階層與關隴世族之爭。

61 《舊唐書》，卷四，〈高宗紀上〉，頁七十九。

三品遷左僕射。[62]凡十六年又四個月內尚書左、右僕射一直缺員，而同時期中書令一職從未出闕；侍中則曾經短暫出缺。[63]

表面看來，尚書省的地位隨著尚書省長官左、右僕射長期缺員而有所下降，因此有學者認為「僕射的長期缺職，是造成中書令和侍中勢力抬頭的主要原因」。[64]此論實未有探討歷史事實背後的深層意義。尚書僕射長期缺職固然會間接抬升中書令和侍中的重要性，但兩者間並不存在直接的因果關係。從歷史發展角度來看，高宗時期尚書省的重要性，並無隨左、右僕射的出缺而急劇下降。因為在顯慶四年到上元二年尚書左、右僕射出缺的十餘年間，不斷有吏部、兵部、戶部尚書、侍郎等官員帶「同中書門下三品」之銜（或兼中書、門下之職）成為加議政職銜的宰相，代表尚書省參與政事堂議政，有權「平章」中書、門下兩省的工作。據史書所載[65]，此期內以六部尚書、侍郎帶「同中書門下三品」或兼中書令、侍中者，計有：

62 《舊唐書》，卷五，〈高宗紀下〉，頁一百。
63 詳參《新唐書》，卷六十一，〈宰相表上〉及嚴耕望：《唐僕尚丞郎表》，頁一—二十。
64 王怡辰：〈唐代中書令職任與地位轉化〉，載《中國歷史學會史學集刊》，期二十（一九八八年），頁七十五。
65 詳參《新唐書》，卷六十一，〈宰相表上〉及嚴耕望：《唐僕尚丞郎表》，頁八一—三一八。

一、李義府：兼吏部尚書同中書門下三品
任期：顯慶四年八月至龍朔三年（六六三年）正月
二、劉祥道（四九五—六六六年）：吏部尚書兼中書令
任期：麟德元年（六六四年）八月至同年十二月
三、趙仁本（？—六七〇？）：吏部侍郎同中書門下三品
任期：乾封二年（六六七年）六月至總章元年（六六八年）或二年（六六九年）
四、李敬玄（六一五—六八二年）：兼吏部侍郎同中書門下三品
任期：總章二年（六六九年）二月至咸亨三年（六七二年）十月正除
五、李敬玄：吏部侍郎同中書門下三品
任期：咸亨三年十月至上元二年二月遷吏部尚書仍同三品
六、任雅相（？—六六二年）[66]：兵部尚書同中書門下三品
任期：顯慶四年五月至龍朔二年（六六二年）二月

66 接：兩唐書俱無《任雅相傳》，然據《舊唐書》，卷四，〈高宗紀上〉，頁八十三所載：「（龍朔）二年二月甲戌，司戎太常伯、浿江道總管、樂安縣公任雅相卒於軍。」知其卒於龍朔二年，即六六二年。

七、姜格（？—六七二年）：兵部尚書同中書門下三品

任期：麟德二年（六六五年）三月至乾封二年十二月

八、盧承慶（五九四—六七〇年）：戶部尚書參知政

任期：顯慶四年五月至十一月

九、盧承慶：戶部尚書同中書門下三品

任期：顯慶四年十一月至顯慶五年七月

十、竇德玄（？—六六六年）：戶部尚書兼檢校侍中

任期：麟德元年八月至乾封元年八月

十一、戴至德（？—六七九年）：戶部尚書同中書門下三品

任期：咸亨三年十月至上元二年八月遷尚書右僕射[67]

可見當時尚書省仍不斷有官員出席政事堂會議，作為行政部門的代表，反映三省之中負責具體執行部門的意見。

67 參附表一：高宗朝六部尚書、侍郎加「參政宰相」銜年表。

五、總結

「古代政府之權力最重要者為軍權與用人權」[68]，因此，吏部尚書（或侍郎）和兵部尚書加「同中書門下三品」銜的例子自然較多；而戶部因主管「天下用戶、均輸、錢谷之政令」[69]，「其職實當國家政事之半」[70]，故亦每有戶部尚書加「同中書門下三品」之銜。所以就實際發展而言，高宗時期的尚書省，並未因左、右僕射的出缺，而被逐出政府最高權力機構。

68 嚴耕望：〈論唐代尚書省之職權與地位〉，載氏著：《嚴耕望史學論文選集》（臺北：聯經出版事業公司，一九九一），頁四四六。

69 《舊唐書》，卷四十三，〈職官二・戶部尚書〉，頁一八二四。而《唐六典》，卷三，〈戶部書〉，頁六十三僅作：「戶部尚書、侍郎，掌天下戶部井田之政令。」所載未若《舊唐書》具體。

70 嚴耕望：〈論唐代尚書省之職權與地位〉，頁四三五。

附表　高宗朝（六五〇－六八三年）六部尚書、侍郎加「參政宰相」銜年表

年份	吏部	兵部	戶部
顯慶四年（六五九年）	李義府： 兼吏尚同三品／八月任	任雅相： 兵尚同三品／五月任	盧承慶： 1.戶尚參知政事／五月任 2.戶尚同三品／十一月任
顯慶五年（六六九年）	李義府： 兼吏尚同三品	任雅相： 兵尚同三品	盧承慶： 戶尚同三品／七月罷
龍朔元年（六六一年）	李義府： 兼吏尚同三品	任雅相： 兵尚同三品	無
龍朔二年（六六二年）	李義府： 兼吏尚同三品／二月正拜	任雅相： 兵尚同三品／二月死	無
龍朔三年（六六三年）	李義府： 吏尚同三品／一月遷右相	無	無[71]
麟德元年（六六四年）	劉祥道： 吏尚兼中書令／八月任／十二月罷為禮部尚書	無	竇德玄： 戶尚兼檢校侍中／八月任
麟德二年（六六五年）	無	姜恪： 兵尚同三品／三月任	竇德玄： 戶尚兼檢校侍中
乾封元年（六六六年）	無	姜恪： 兵尚同三品	竇德玄： 戶尚兼檢校侍中／八月死

71 接：可參《新唐書》，卷六十一，〈宰相表上〉所載，龍朔三年（六六三年）四月，中書令李義府遭流放而罷官後，正常編制內六名三省長官曾一度全缺無人，其時僅得許敬宗以太子少師同中書門下三品和上官儀以西台侍郎同東西台三品等二人，任加銜宰相而矣。

乾封二年（六六七年）	趙仁本：吏侍同三品／六月任[72]	姜恪：兵尚同三品／十二月遷檢校侍中	無
總章元年（六六八年）	趙仁本：吏侍同三品[73]	無	無
總章二年（六六八年）	李敬玄：兼檢校吏侍同三品／二月任命（或稍後）	無	無
咸亨元年（六七〇年）	李敬玄：吏侍同三品	無	無
咸亨二年（六七一年）	李敬玄：吏侍同三品	無	無
咸亨三年（六七二年）	李敬玄：吏侍同三品／十月正除	無	戴至德：戶尚同三品／十月任
咸亨四年（六七三年）	李敬玄：吏侍同三品	無	戴至德：戶尚同三品
上元元年（六七四年）	李敬玄：吏侍同三品	無	戴至德：戶尚同三品
上元二年（六七五年）	李敬玄：吏侍同三品／二月遷吏尚同三品	無	戴至德：戶尚同三品／八月遷右僕射同三品

（原載張國剛主編：《中國中古史論集》（天津：天津古籍出版社，二〇〇三），頁三二二—三三六。）

72 據嚴耕望：《唐僕尚丞郎表》，卷三，頁九十三。所載：自麟德元年（六六四年）十二月司列太常伯（即吏部尚書）劉祥道罷為司禮太常伯（即禮部尚書）至上元二年（六七五年）八月李敬玄由吏部侍郎遷吏部尚書的接近九年時間內，吏部尚書一直出闕闕員，故以吏部侍郎代之。

73 據嚴耕望：《唐僕尚丞郎表》，卷三，頁九十三。所載：「趙仁本於是年或明年換中護仍同三品」。

晚唐五代的樞密院和樞密使*

一

宋代樞密院是沿襲唐、五代舊制而進一步發展，最終成為主管軍事的官署。《宋史》卷一百六十二〈職官志〉：「宋初，循唐、五代之制，置樞密院與中書對持文武二柄，號『二府』」。所謂「持武柄」其具體職責是「掌軍國機務、兵防、邊備、戎馬之政令，出納密令、以佐邦治。凡侍衛諸班直，內外禁兵招募、閱試、遷補、屯戍、掌罰之事，皆掌之。以扁揀、廢置揭帖兵籍；有調發更戍，則遣使給降兵符。除授內侍省官及武選官，將領路分都監，緣邊都巡使以上……」[1]雖樞密院是唐、五代舊制，但在《舊唐書・職官

*

1 〔宋〕元脫脫等撰：《宋史》，卷一百六十二，〈職官志〉（上海：中華書局，一九七七），頁三七九七。

志》及《新唐書・百官志》雖有敘述樞密使的文字：「昔唐朝擇中官一人為樞密使，以出綏帝命。」[2]仍沒有把樞密院的設置由來以至其職權等問題交待清楚。所以，就樞密院設置的年代及其在晚唐、五代時期的職權問題上，仍有待考究。[3]

據《冊府元龜》，卷六百六十五，〈內臣部總序〉載：

（唐代宗）永泰二年，始以中人掌樞密用事。……元和中，始置樞密使二人。[4]

---

2 〔宋〕薛居正等撰：《舊五代史》，卷一百四十九，〈職官志・右御史台〉（北京：中華書局，一九七六），頁一九九四。

3 可參賈充保：〈唐代樞密使考略〉，載史念海編：《唐史論叢》第二輯（西安：陝西人民出版社，一九八七）。趙雨樂：《唐宋變革期之軍政制度》，第二章第一節，（二）〈關於詔令與禮儀之內使諸司—樞密使〉（台北：文史哲出版社，一九九四）。袁剛：《隋唐中樞體制的發展演變》，第六章第二節，〈樞密使的設置與宦官專政〉（台北：文津出版社，一九九四）。（日）佐伯富：〈五代における枢密使につぃて〉，載《史窗》（京都女子大學），第四十六號（一九八八年）。又據趙氏及袁氏兩書所載尚有日本學者矢野主稅：〈樞密使設置時期にっぃて〉，載《長崎大學・人文社會科學研究報告》，卷三（一九五三年），筆者未能閱矢野氏一文。

4 〔宋〕王欽若等編：《冊府元龜》，卷六百六十五，〈內臣部・總序〉（北京：中華書局，一九八六），頁七九五五。

惟設樞密使一職時「初不置司局，但有屋三楹貯文書而已。」[5]故唐憲宗元和年間樞密院仍屬「有使無院」的階段，具規模、成制度的官署尚未出現。可是，發展至唐宣宗大中年間已能看見有屬員的樞密院了。《資治通鑑》，卷二百四十九，〈大中九年五月〉條載：

度支奏漬污帛，誤書漬為清，樞密承旨孫隱中謂上（唐宣宗）不之見，輒足成之。（胡注：唐末，樞承旨以院吏充，五代以諸衛將軍充，宋朝以士人充，遂為清充。）及中書覆入，上怒，推按擅改章奏者罰謫之。[6]

《資治通鑑》胡注清楚指出唐末樞密承旨一職是由院吏出任，其所謂應可解釋為樞密院的官吏。而據《東觀奏記》卷下，記載此事為：

度支奏狀言「漬污」疋段誤書「清污」，上一見覺之。樞密使承旨孫隱中謂亢未省

5 〔元〕馬端臨撰：《文獻通考》，卷五十八，〈職官十二〉（北京：中華書局，一九八六），頁五二三。

6 〔宋〕司馬光：《資治通鑑》，卷二百四十九，〈宣宗大中九年五月〉（北京：中華書局，一九六〇），頁八〇五七。

也，添成「潰」字。及中書復入，上赫怒，勘添改奏者罰責有差。[7]

此處稱樞密使承旨，自然是樞密院使的僚屬。樞密承旨負責文書事務，間接反映出最遲在唐宣宗大中年間，已設有坐衙辦公的樞密院官署了。再輔以同書卷中的一段記載：

上（唐宣宗）每命相，盡出睿旨，人僚知者。一日，制詔樞密院兵部侍郎判度支蕭鄴，可同中書門下平章事，仰指揮學士院降麻應分。樞密使王歸長、馬公儒以鄴先判度支，耍審聖旨，未識下落，抑或仍舊……[8]

則反映出，在唐宣宗大中年間，樞密院的存在是毫無疑問了。由於《東觀奏記》的作者裴廷裕是唐昭宗時的翰林學士，上距宣宗大中年間約四十餘年，其記錄應屬第一手資料，準確程度是值得信賴的。[9]歸納前述的數條史料，我們能得出這樣的結論——最遲在唐宣

7 （唐）裴庭裕撰：《東觀奏記》，卷下（北京：中華書局，一九九四），頁一三二。

8 《東觀奏記》，卷中，頁一〇五。

9 據《新唐書》，卷五十八，〈藝文志二‧東觀奏記〉條所載：「大順中，詔（廷裕）修宣、懿、僖實錄，以日曆注記亡缺，因摭宣宗政事奏記於監修國史杜讓能。廷裕，字膺余，昭宗時翰林學士、左散騎常侍，貶湖南，卒。」則知《東觀奏記》一書成於昭宗大順年間，距宣宗大中年間約四十餘年。

宗時已出現有僚屬工作的樞密院官署。

二

傳世史籍中關於唐末、五代樞密院職權記載的材料，僅得馬端臨在《文獻通考》卷五十八，〈職官十二〉說得較為具體明確。其云：

> 其職掌，惟承受表奏，於內中進呈，若人主有所處分，則宣付中書門下施行而已。[10]

意思是樞密院是負責向皇帝轉呈臣僚表奏和向宰執機構傳達詔付，本來工作是甚為簡單的。然而，因唐代是先有樞密使而後設樞密院，而樞密使又向是宦官所把持的寶座之一，所謂「（兩）樞密使與兩軍中尉，謂之四貴」[11]。任樞密使者例是具權勢的閹首，其職權絕對不會限制於區區傳達文書的工作。據《新唐書》，卷二百〇七，〈嚴遵美傳〉所載：

---

10 《文獻通考》，卷五十八，〈職官十二〉，頁五二三。

11 〔宋〕孫逢吉撰：《職官分紀》，卷十二，〈樞密史〉（北京：中華書局，一九八八），頁二八八。

北司供奉官以胯衫給事，今執笏，過矣。樞密使無聽事，唯三楹舍藏而已，今堂狀帖黃決事恭，此楊復恭奪宰相權失也。[12]

這說明在晚唐時期「樞密使盜竊政柄」[13]，實已侵奪了宰相的職權。至於其具體情況如何，這裡先暫且按下不述，而留待在往後的篇幅再詳細說明。所以，我們可以這樣說，雖然唐設樞密使，其原意是「使之掌機密之書，如漢之中書謁者令是也」[14]。可是，制度的發展往往是不依創立者的主觀意願前進的。在唐代宦官勢力膨脹的歷史背景下，樞密使一職已成為有權勢的宦官首領的專用品，就如《舊五代史》，卷一百四十九，〈職官志〉注引項安世《家說》所載：

唐於政事堂後列五房，有樞密房，以主曹務。則樞密之任，宰相主之，未始他付，其後寵任宦人，始以樞密歸化內侍。[15]

---

12 〔宋〕歐陽修、宋祁：《新唐書》，卷二百零七，〈嚴遵美傳〉（北京：中華書局，一九六〇），頁五八七二。

13 可參唐長孺：〈唐代的內諸司使〉（上），載《魏晉南北朝隋唐史資料》，第五期（一九八三）。

14 《職官分紀》，卷十二，〈樞密史〉，頁二八八。

15 《舊五代史》，卷一百四十九，〈職官志・右御史台〉，頁一九九四。

如此便造成樞密使的權限大為超出制度本身所容許之範圍，樞密使成為唐代宦官禍政的橋樑。此即王鳴盛所云：「唐宦官之所以擅國者，樞密出納王命，神策掌握禁軍也。」[16]進一步分析，樞密院設置之初，其權力基礎並非源於制度的法理之上，而是衍生自己。但另一方面，制度的發展往往會受到實際環境變化的影響。正因為歷來皆有權有勢的宦官頭目充當樞密使，導致唐代樞密使的職權亦漸漸的明確固定下來。入五代，樞密院已「發展成一種被普遍接受和有效的制度」[17]。現回頭再說晚唐樞密使的職權，其情況能透過下列史料而體現出來。《資治通鑑》，卷二百四十七，〈會昌三年五月〉條載：

壬寅，以翰林學士承旨崔鉉為中書侍郎、同中書門下平章事。……上夜召學士韋琮，以鉉名授之，令草制，宰相、樞密皆不知。時樞密使劉行深、楊欽義皆願愨，不敢預事，老宦者尤之曰：「此由劉、楊懦怯，墮敗舊風故也。」[18]

---

16 〔清〕王鳴盛著：《十七史商榷》，卷九十五，〈新舊五代史三〉（上海：上海書店出版社，二〇〇五），頁八八二。

17 可參蘇基朗：〈五代的樞密院〉，台北：《食貨月刊》復刊，第五期（一九八〇年）。

18 《資治通鑑》，卷二百四十七，〈武宗會昌三年五月〉，頁七九八五。

這記載可反映出兩種情況：第一，在唐武宗的理念中樞密使的地位能與宰相相提並論，足見其重要性；第二，在樞密使未能預知誰人任相，被責之為「墮敗舊風」。如此，在所謂「舊風」之下，樞密使雖未知能否參予命相的討論，但最低限度是能隒知宰相任命。事實上，在史籍中能夠找到樞密使參予命相的事例，如，武宗時「王踐言為西川監軍，節度使李德裕加征疲人三十萬貫緡，因踐言赴闕，盡以餞行。及踐言為樞密使，德裕果為宰相。」[19]至於操縱節度使、觀察使、監鐵使等重要使職的任命，更能表現樞密使的權勢，如長慶年間王守澄為樞密使，「自上有疾，守澄專制國事，勢傾中外；……工部尚書鄭權，家多姬妾，祿薄不能贍，因注通於守澄以求節鎮。己酉，以權為嶺南節度使。」[20]；又如，穆宗時王播原領鹽鐵使，「敬宗即位，即拜檢校司空……厚以金謝，守澄乘間薦之……遂復領使。」[21]此外，唐代樞密使更可與宰相一起議決國政大事。如寶歷元年「朝廷得劉悟遺表，議者多言上黨內鎮，與河異，不可許。左僕射李絳上疏，以為……熟計利害，決無即授從諫之理，時李逢吉、王守澄計議已定，竟不用絳等謀。」[22]按：李逢吉時

19《冊府元龜》，卷六百六十九，〈內臣部‧食貨〉，頁八〇〇〇。
20《資治通鑑》，卷二百四十三，〈穆宗長慶三年四月〉，頁七八二六。
21《新唐書》，卷一百六十七，〈王播傳〉，頁五一一六。
22《資治通鑑》，卷二百四十三，〈敬宗寶曆元年八月〉，頁七八四五。

為宰相，而王守澄為樞密使，又僖宗乾符四年（八七七年），「鄭畋與王鐸、盧携爭論用兵於上前，畋不勝，退，復上奏……時盧携不以為然，上不能決，畋復上言：『宋威欺罔朝廷……不應復典兵權，願意與內大臣參酌（胡注：內大臣，謂兩中尉、兩樞密也）早行罷黜。』不從。」[23]按：鄭畋、王鐸和盧携都是宰相，鄭畋欲罷宋威兵權，還要與中尉、樞密使商量才能決定。此足見樞密使的地位、權勢之高，連宰相亦需以參酌，方敢定奪。

至五代時期，後梁開平元年（九〇七年）太祖朱溫鑒於唐末宦官專權之弊，防改樞密院為崇政院，並由親信將校任崇政使。[24]後唐同光元年（九二三年）復改崇政院為樞密院，至後晉天福四年（九三九年），曾一度廢樞密院，最終於後晉開運元年（九四四年）才再度恢復。此後，成定制，常置不變，入宋亦沿襲不廢。

樞密院制度在五代期間的發展更趨成熟，無論在組織上，還是在官員僚屬方面都漸臻完善。後梁初置崇政院，設崇政使一員，而另置判官一員，後又改置副使一員。開平二年（九〇八年）置崇政院直學士二員，「選有政術、文學者為之」[25]。後唐恢復樞密院之

---

23 《資治通鑑》，卷二百五十三，〈僖宗乾符四年十月〉，頁八一九三。

24 詳參唐長孺：〈唐代的內諸司使〉（下），載《魏晉南北朝隋唐史資料》，第六十五期（一九八四年）。按：前引一三與本文一并合為唐長孺：〈唐代的內司諸使及其演變〉，載氏著：《山居存稿》（北京：中華書局，一九八九），頁一四四－二七二。

25 〔宋〕王溥：《五代會要》，卷二十四，〈樞密使〉（上海：上海古籍出版社，一九七八），頁三七七。

稱後，置樞密使二員、樞密副使一員。「至明宗時，安重誨為樞密使，明宗既不知書，而重誨又武人。故孔循始議置端明殿學士，專備顧問。以馮道、趙鳳為之，班翰林學士上。蓋樞密院職事官也。」[26]除此之外，還置有樞密院都旨、副院承旨，令史等中、下級官吏。[27]

三、

至五代，樞密使的職權可謂空前膨脹。清代史家王鳴盛在《十七史商榷》卷九十五有這樣的論述：

> 樞密使之名始於唐，以宦者為之。至朱梁、後唐則以朝臣充之，自是奪軒宰相之權，而宰相反擁虛名矣。[28]

26 《文獻通考》，卷五十八，〈職官十二〉，頁五二三，引《石林燕語》。
27 可參李鴻賓：〈五代樞密使（院）研究〉，載《文獻》，第二期（一九八九年）。
28 《十七史商榷》，卷九十五，〈新舊五代史三〉，頁八八一。

而清代另一著名史家趙翼在《廿二史札記》卷二十二五代樞密使之權最重條亦云：

樞密之任重於宰相，宰相自此失職。[29]

然而具體情況如何？現試略作解說於下。[30]

一般而言，五代樞密使之職不僅凌駕於宰相之上，而且集三省所擁的決策與行政職權於一身，所謂「梁太祖以來，軍國大政，天子多與崇政、樞密使議，宰相受成命，行制敕，講典故，治文事而已。」[31]明顯地，在中樞決策問題上，樞密使所發揮的作用和影響力比宰相要大。至於處理日常政務，則「凡中書除官、諸司奏事，帝皆委（樞密使楊）邠斟酌，自是三相拱手。政事盡快於邠。」[32]一般而言，人事、軍事、財政是中國歷代皇朝政治所面對的首要事務。五代樞密院使的職權高漲，正好從其控制這三要務而

29 趙翼撰：《廿二史札記》，卷二十二，〈五代樞密使之權最重條〉（北京：中華書局，一九八四），頁四七一。按：此條出自〔宋〕歐陽修撰：《新五代史》，卷二十四，〈安重誨傳〉（上海：中華書局，一九七四），頁二五七。

30 可參杜文玉：〈論五代樞密使〉，載《中國史研究》，第一期（一九八八年）。

31 《資治通鑑》，卷二百八十二，〈高祖天福四年四月〉，頁九二〇一。

32 《資治通鑑》，卷二百八十八，〈高祖乾祐元年四月〉，頁九三九二。

表現出來。

在官員任命上，五代樞密使往往獨攬大權，如唐樞密使郭崇韜「頗亦薦引人物，（宰相）豆盧革受成而已，無所裁正。」[33]後晉樞密使馮玉「嘗有疾在家，帝謂諸宰相曰：『自刺史以上，俟馮玉出乃得除。』」[34]再如，後漢楊邠任樞密使時，「蘇逢吉為相，多遷補官吏；楊邠以為虛費國用，所奏多抑之。」[35]又「（蘇等）三相每進擬用人，苟不出邠意，雖簿、尉亦不與之。」[36]號稱「長樂老」，而歷事四朝十君的馮道亦曾嘆息「吾三人相，每不及前，以擢任親故之，初入能用至丞郎，再入能用至遺補，三入不過州縣，是宰相之權日輕也。」[37]這番話很能反映五代各朝相權日益削弱的情況。及後發展，就是連宰相的擢黜亦操在樞密使之手，如「（後唐）明宗問誰可相者，（樞密院安）重誨即以（崔）協對……天下皆知崔協不識字，而虛有儀表，號為『沒字碑』……居月餘，協與馮道皆拜相。」[38]又如，後周樞密使王峻「奏請以端明殿學士顏衍、樞密直學士陳觀代

---

33 《資治通鑑》，卷二百七十二，〈莊宗同光元年十月〉，頁八九〇二。
34 《資治通鑑》，卷二百八十五，〈晉齊王開運二年八月〉，頁九二九六。
35 《資治通鑑》，卷二百八十八，〈高祖乾祐元年三月〉，頁九三九〇。
36 《資治通鑑》，卷二百八十八，〈乾祐元年四月〉，頁九三九二。
37 《新五代史》，卷二十八，〈任圜傳〉，頁三〇六—三〇七。
38 《新五代史》，卷二十八，〈任圜傳〉，頁三〇六—三〇七。

范質、李谷為相，（後周太祖郭威）帝曰：『進退宰輔，不可倉猝，俟朕思之。』峻力論列，語浸不遜。」[39]

在軍事方面，「樞密使皆天子腹心之臣，日與議軍國大事，其權重於宰相。」[40]事實上，五代時期的樞密使手中所掌軍權之重，可謂一時無倆，亦是歷代文臣所無法比擬的。凡牽涉到軍事方面的一切大小事務，樞密使都有權過問。[41]五代許多樞密使兼任一鎮或數鎮節度使，並掌管地方兵權。如郭崇韜曾兼任平盧節度使，鎮、穎、深、趙等州觀察、處置等使。後周時王峻則曾兼平盧節度使。後漢時楊邠曾這樣說：「常言：『為國家者，但得帑藏豐盈，甲兵強盛，至於文章禮樂，並是虛事，何足介意也。』」[42]對於節度使的調動和任免，樞密使更有直接的權力，並毋須經君主詔敕的批許。如後唐樞密使朱弘昭、馮贇徙成德節度使范延光為天雄節度使，徙石敬瑭為成德節度使之際，據史書記載是「皆不降制書，但各遣使臣持宣（胡注：宣，樞密院所行文書）監送鎮。」[43]而當中央皇朝遇有

39 《資治通鑑》，卷二百九十一，〈廣順三年二月〉，頁九四九三。
40 《文獻通考》，卷五十，〈職官四〉，頁四五五。
41 有關五代樞密使在軍事權力的研究，可參考趙雨樂：《唐宋變革期之軍政制度》，第三章第二節，（一）〈五代樞密使與親軍將領之權力概況〉（台北：文史哲出版社，一九九四）
42 《舊五代史》，卷一百零七，〈楊邠傳〉，頁一四〇八。
43 《資治通鑑》，卷二百七十九，〈清泰元年二月〉，頁九一二八。

戰事，亦向由樞密院派將遣兵，甚至樞密使還經常親自統兵作戰或督戰。如後唐時鎮將石敬瑭率師討蜀叛不勝，「安重誨曰：『臣職添機密，軍威不振，臣之罪也，臣請往督戰。』上許之。重誨即拜辭。」[44]後周太祖郭威任後漢樞密使之時，更是經常在外帶兵作戰。如後漢乾祐三年（九五〇年）「以郭威鎮鄴都，使督諸將，以備契丹。史弘肇、郭威仍領樞密使，蘇逢吉以為故事無之，弘肇曰：『領樞密使則可便直從事，諸軍畏服，號令行矣。』帝卒從弘肇議……制以威為鄴都留守，天雄軍節度使，樞密使如故。」[45]

最後，在財政方面，五代時期的樞密使直接或間接掌管國家財政事務的例子極多，如後唐莊宗同光元年（九二三年）任命左監門衛將軍判內侍省李紹宏為兼內勾的原因是「（莊宗）及即位，命潞州監軍張居翰與郭崇韜為樞密使，以（李）紹宏為宣徽使，心常不足。崇韜知之，乃置內句（勾）之名，凡天下錢穀簿書，悉委裁決。」[46]而歐陽修在《新五代史》卷二十四〈迎崇韜傳〉將之釋為「崇韜因置內勾使，以紹宏領之。凡天下錢谷出入於租庸者，皆經內勾。」[47]所謂「租庸者」，胡三省在《資治通鑑注》內有更明確

44 《資治通鑑》，卷二百七十七，〈長興元年十二月〉，頁九〇五四。

45 《資治通鑑》，卷二百八十九，〈乾祐三年四月〉，頁九四二二。

46 《五代會要》，卷十六，〈內侍省〉，頁二六七。按：《新五代史》，卷二十四，〈郭崇韜傳〉。記李紹宏為馬紹宏，未知所據。今從《五代會要》。

47 《新五代史》，卷二十四，〈郭崇韜傳〉，頁二四七。

的解釋：「經費（按：相對於內府錢），謂國之經常調度，其費抑於租庸使者。」[48]此說明樞密使能一新職而收國家日常財政調動之權於控制天下。其後，明宗時樞密使安重誨擅殺宰相判三司任圜後「重誨恐天下議己，因取三司積欠二百餘萬，請放之，冀以悅人而塞責。」[49]又如，後漢時樞密使楊邠，「盡心王室，知無不為，罷不急之務，惜無用之費，收聚財賦……國有餘積。」[50]五代因故事頻仍，中原皇朝國用常不足，就此樞密使也常為之而皺眉。後唐莊宗時「宦官曰：『郭崇韜眉頭不伸，常為租庸惜財用，陛下雖欲有作，其時得乎？』」[51]這說明郭崇韜常因國用不足，而宮內開支過巨及營建太奢等問題，與莊宗爭論不休，並多次要求莊宗內庫錢物以濟時用。[52]此外，樞密使還過問主管財政官員的任免。如郭崇韜任命李紹宏為內勾使、王正言為租庸使等。

從上述三方面論述我們可窺見，五代樞密使職權之重，並非某一權臣的暫時專權形態，而是貫穿整個五代；他們的權力並非單方面，而是伸展至封建皇朝統治中數個最重要

48 可參《資治通鑑》，卷二百七十三，〈同光三年六月〉。
49 《新五代史》，卷二十四，〈安重誨傳〉，頁二五二。
50 《舊五代史》，卷一百零七，〈王章傳〉，頁一四一〇。
51 《新五代史》，卷二十四，〈郭崇韜傳〉，頁二四八。
52 關於郭崇韜與後唐莊宗爭論的具體過程，可參《資治通鑑》，卷二百七十三，〈同光三年六月〉。

的環節。所以，前引清代史家王鳴盛及趙翼二人就樞密使權力的評論，可謂道盡了箇中實況。

（原載朱雷主編：《唐代的歷史與社會：中國唐史學會第六屆年會暨國際唐史學會研討會論文選集》（武昌：武漢大學出版社，一九九七），頁一三九—一四九。）

散論

談談中華書局點校本《唐六典》的特點與史料價值*

一、《唐六典》的版本與流傳

一九九二年北京中華書局出版由北京大學陳仲夫教授點校的《唐六典》，此書刊行面世，對唐史研究界而言，是為這部被公認為「研究唐史必讀書」[1]，提供了最方便及最流通的工作版。

考傳世《唐六典》版本以南宋紹興四年（一一三四年）溫州州學刻本為最早。然而該版僅殘存一至三、七至十五、二十八至三十，共十五卷，原分藏北京圖書館（今國家圖

---

* 原載周佳榮主編：《百年承傳——香港學者論中華書局》（香港：中華書局，二〇一二），頁二二六—二三七。

1 王永興：〈讀《唐六典》的一些體會〉，載《文史知識》，期二（二〇〇九年），頁十七。

書館）、北京大學圖書館、及南京博物館，一九八三年北京中華書局，將之合編，並收錄於《古逸叢書三編》影印版之內。其餘依次是：明正德十年（一五一五年）席書、李承勛的三十卷刻本，世稱「正德本」。明嘉靖二十三年（一五四四年）浙江按察司本。清嘉慶五年（一八〇〇年）掃葉山房刻本。清光緒二十一年（一八九五年）廣雅書局刻本。惟以上數版，俱據正德本輾轉傳刻，無所校補，加上流傳不廣，影響有限。另外《唐六典》一書，在日本亦有刻本傳世，分別是：享保九年，相當於清雍正二年（一七二四年）近衛家熙刻本，該版乃據正德本又用嘉靖本及《舊唐書・職官志》、《新唐書・百官志》及《通典》等書校補。可惜，近衛刻本未有參校南宋紹興殘本，故有所脫文。一九七三年，日本廣池學園出版，由廣池千九郎訓點，內雄智雄補訂，以近衛本為底本，採北京圖書館所藏南宋紹興殘本進行補校，又以（宋）孫逢吉《職官分紀》為輔，排印刊行的《大唐六典》，稱為「廣池本」，內容較為完整。然而無論是近衛本，還是廣池本在中國學界之內，並不廣為流傳，一般難以得見。[2]

而是次陳仲夫的點校，據其在點校凡例中所述，是以南宋紹興殘本的十五卷為底本，而所缺者，則以明正德本補配。又以嘉靖本、廣雅本和近衛本為主要通校本，並以《太平

---

[2] 按：一九九一年，三秦出版社曾影印出版廣池本《大唐六典》，但基於某些因素，該書並無正式發行，印量亦相當有限。

御覽》、《職官分紀》、《資治通鑑》等書所引《唐六典》文字，全部再通校一次。此外，校者更「廣蒐古書，凡《唐六典》徵引所及之載籍，無論其名稱與否，靡不盡量羅致原著，已佚者則求諸輯本或類書，逐字逐句對照，……以便讀者省覽。」[3]誠如點校者所言，「今天重新整理出版了這部書，以饗讀者」[4]，確實在一定程度上，讓這部「兩唐志皆取為藍本，損益成篇」[5]的重要史籍，得以廣為流傳，嘉惠學界。

二、編撰背景

據曾直接參選修撰《唐六典》工作的唐代史官韋述在《集賢記注》中記曰：

開元十年，起居舍人陸堅被旨修《六典》，上手寫白麻紙凡六條曰理、教、禮、政、刑、事典，令以類相從，撰錄以進。張說以其事委徐堅，思之歷年，未知所

3 〔唐〕李林甫等撰，陳仲夫點校：《唐六典．點校凡例．二》（北京：中華書局，一九九二），頁一。

4 《唐六典》，〈《唐六典》簡介〉，頁一—三。

5 嚴耕望：〈略論唐六典之性質與施行問題〉，載氏著：《嚴耕望史學論文集》（臺北：聯經出版事業公司，一九九六），頁四二七。

適，又委毋煚、余欽、韋述，始以令式入六司，象《周禮》六官之制，沿革並入注。[6]

又唐人筆記《大唐新語》卷九所載略同，其云：

開元十年，玄宗詔書院撰《六典》以進。時張說為麗正學士，以其事委徐堅，沈吟歲餘，謂人曰，堅承乏已曾七度修書，有憑準，皆不似難，唯《六典》歷年措思，未知所從。說又令毋嬰（煚）等檢前史職官，以令式分入六司，以今朝六典象周官之制。[7]

可知唐玄宗是手寫理、教、禮、政、刑、事等六典作為編纂準則。而這想法顯然是源自《周禮》所述「大宰之職，掌建邦之六典，以佐王治邦國。一曰治典，以經邦國，以治官府，以紀萬民。二曰教典，以安邦國，以教官府，以擾萬民。三曰禮典，以和邦國，以統

6 〔宋〕陳振孫：《直齋書錄解題》，卷六，〈唐六典〉引韋述《集賢記注》（臺北：廣文書局，一九六七），頁三九五。

7 〔唐〕劉肅：《大唐新語》，卷九，〈著述〉（北京：中華書局，一九八四），頁一三六。

官百官，以諧萬民。四曰政典，以平邦國，以正百官，以均萬民。五曰刑典，以詰邦國，以刑百官，以糾萬民。六曰事典，以富邦國，以任百官，以生萬民。」[8]的理想化國家典章制度。所以唐玄宗是親書手詔，命令撰寫的官員得仿照《周禮》定制，把朝廷百僚的按職能分為：天官冢宰，掌邦治；地官司徒，掌邦教；春官宗伯，掌邦禮；夏官司馬，掌邦政；秋官司寇，掌邦禁；冬官司空，蓋掌邦事也。所謂「以類相從」，即以職官體系來聯繫著各種制度，目的是編纂一部既實用，又能展示大唐王朝開元盛世氣象的典制巨著。可是這是一項無先例可援的工作，歷史上從無官私學者曾按《周禮》以職官為綱來進行編纂典籍。當時任麗正學士的著名文人張說將此事「委徐堅」，而「堅于典故多所諳識，凡七當譔次高選」[9]，亦「思之歷年，未知所適」，未能有所決定。最後，由被譽為「雅有良史之才」[10]的韋述反覆思考後，方擬定採「摹周六官領其屬，事歸於職，規制遂定。」[11]的方法，明確《唐六典》仿傚《周禮》的具體編撰方向。後經蕭嵩、張九齡主持，參預編

---

8 〔清〕孫貽讓撰，王文錦、陳玉霞點校：《周禮正義》，〈天官．大宰〉（北京：中華書局，一九八七），頁五十八。

9 〔宋〕歐陽修、宋祁：《新唐書》，卷一百九十九，〈徐堅傳〉（北京：中華書局，一九七五），頁五六六三。

10 〔後晉〕劉昫：《舊唐書》，卷一百零二，〈韋述傳〉（北京：中華書局，一九七五），頁三一八四。

11 《新唐書》，卷一百三十二，〈韋述傳〉，頁四五三〇。

撰者，先後有：徐堅、毋煚、余欽、咸廙業、孫季良、韋述、劉鄭蘭、蕭晟、盧若虛、陸善經、苑咸等人[12]，歷十數年，至開元二十六年（七三八年）才撰成此書。翌年，李林甫奉旨主持的修訂、補注工作完成，以宰相、集賢院學士的官職署名上奏。多年來玄宗皇帝所盼望的典籍，亦被後世稱為「排比當時施行令式以合古書體裁，本為粉飾太平制禮作樂之一端，啟其書在唐代行政上遂成為一種便於徵引之類書」[13]，終於面世。

三、內容結構

《唐六典》全書近三十萬字，正文記述唐中央與地方各級政府組織機構，官員編制，包括定員與品級，及其職權範圍等內容。可謂層次分明，眉目清晰，便於檢索。又輔以自注於正文之後，或以記述有關制度沿革變遷，或以補充說明各官職的業務範圍，權責所在；或對某些詞語、名詞作訓釋性解說。[14]均是唐人說唐史，是具權威的第一手資料。而在具體行文編排上，首列三師、三公、尚書都省，然後是吏、戶、禮、兵、刑、工六部。

12 《新唐書》，卷五十八，〈藝文志・唐六典〉，頁一四七七。

13 陳寅恪：《隋唐制度淵源略論稿》，〈職官〉（上海：上海古籍出版社，一九八二），頁八十二。

14 參徐適端：〈略論《唐六典》的編纂特色〉，《史學史研究》，第一期（二〇〇七年），頁九十—九十七。

而以下則按唐朝現行令式與國家組織編制，依次門下省、中書省，秘書省、殿中省、內官、宮官、內侍省、御史臺、大常寺、光祿寺、衛尉寺、宗正寺、太僕寺、大理寺、司農寺、太府寺（即九寺）、國子監、少府監、北都軍器監、將作監、都水監（即五監），以及諸衛、太子東宮官屬，最後為三府、督護、州縣等地方行政單位及其官員配置。所以，從內容編制來看，《唐六典》確實存在著如宋代史家范祖禹所言，「既有太尉、司徒、司空，而又有尚書省，是政出於二也。既有尚書省而又有九寺，是政出於三也。」[15]對官制重疊敘述的問題。此乃因唐代整體官制是在新的歷史條件下形成的。在經歷了魏晉南北朝三百多年的分裂後，天下復歸統一，隋唐時期典章制度分別沿自：一）北魏、北齊；二）梁、陳；三）西魏、北周[16]，與周官乃至漢制不同。而玄宗強行要求比附《周禮》，故就其體例而言，可謂「不倫不類」[17]，於是行文撰述之際，自然問題不少。

其實唐朝官制與《周禮》並無任何關係。就如傳統史家所述，唐玄宗詔修《唐六典》是為了粉飾太平，而修撰者強而為之，結果便出現若干無甚意義的比附。即：「吏部尚書

---

15 《直齋書錄解題》，卷六，〈唐六典〉，頁三九六。

16 陳寅恪：《隋唐制度淵源略論稿》，〈敘論〉，頁一。

17 王永興：〈讀《唐六典》的一些體會〉，頁二十三。

一人，正三品。原注：周之天官卿也。」[18]；「戶部尚書一人，正三品。原注：周之地官卿也。」[19]；「禮部尚書一人，正三品。原注：周之春官卿也。」[20]；「兵部尚書一人，正三品。原注：周之夏官卿也。」[21]；「刑部尚書一人，正三品。原注：周之秋官卿也。」[22]；「工部尚書一人，正三品。原注：周之冬官卿也。」[23]但這只是唐代官制的一小部分，至於其餘大部分，因《周禮》無相類的職官，難以比擬。故杜佑在《通典》卷二十三〈職官五・吏部尚書〉敘述《周禮・天官》「大宰掌建邦之六典，以佐王治邦國。」之時[24]，已經指出：

> 大唐武太后遂以吏部為天官，戶部為地官，禮部為春官，兵部為夏官，刑部為秋官，工部為冬官，以承周六官之制。若參詳古今，徵考職任，則天官太宰，當為尚

18 《唐六典》，卷二，〈吏部尚書〉，頁二十六。
19 《唐六典》，卷三，〈戶部尚書〉，頁六十三。
20 《唐六典》，卷四，〈禮部尚書〉，頁一〇八。
21 《唐六典》，卷五，〈兵部尚書〉，頁一五〇。
22 《唐六典》，卷六，〈刑部尚書〉，頁一七九。
23 《唐六典》，卷七，〈兵部尚書〉，頁二一五。
24 〔唐〕杜佑：《通典》，卷二十三，〈職官五・吏部尚書〉（北京：中華書局，一九八八），頁六二八。

書令，非吏部之始任。今吏部之始，宜出夏官之司士。[25]

杜佑解說是正確的。但更根本的是，唐代官制與《周禮》絕無關連，武則天與唐玄宗模仿《周禮》的做法，實在是政治意義，大於實際意義的。[26]

四、史料價值

眾所周知，唐代的法令有：律、令、格、式等四種。這便是《舊唐書》卷四十三〈職官志・刑部〉所云：

凡文法之名有四：一曰律，二曰令，三曰格，四曰式。……凡律，以正刑定罪。令，以設範立制。格，以禁違正邪。式，以軌物程事。[27]

25 《通典》，卷二十三，〈職官五・吏部尚書〉，頁六二九。

26 分別參雷家驥：《武則天傳》（北京：人民出版社，一九九九）；許道勛、趙克堯：《唐玄宗傳》（北京：人民出版社，一九九三）；劉文瑞：《唐玄宗評傳》（蘇州：蘇州大學出版社，二〇〇一）。

27 《舊唐書》，卷四十三，〈職官二〉，頁一八三七。又《唐六典》，卷六，〈刑部郎中員外郎〉所載同。

歐陽修在《新唐書》把「令格式」解釋為：「令者，尊卑貴賤等數，國家之制度也。格者，百官有司之所常行之事也，式者，其所常守之法也。凡邦國之政，必從事此三者也。」[28]即國家日常運作，百官所必須遵從的制度、守則的意思。因此，今天治唐史者，無不認同「律、令、格、式」，是研究唐代制度的原始史料，而且是具有法典性質的原始史料，特別明晰而準確。其中律文基本能保留下來，即傳世的《唐律疏議》[29]，可是其餘三種俱已散軼失傳。

唐〈令〉據《舊唐書》卷四十六〈經籍志〉、卷五十〈刑法志〉及《新唐書》卷五十八〈藝文志〉等所記，有《武德令》三十卷，《貞觀令》三十卷，《永徽令》三十卷，《開元七年令》三十卷，《開元二十五年令》三十卷。惟宋代以後，便已散軼。日本學者仁井田陞於二十世紀初編著《唐令拾遺》時，便從《唐六典》中輯得唐令四百三十四條之多。[30]固然《唐六典》所保存的「唐令」多是不完整的，但卻不減其史料價值，是研究唐史的最珍貴的原始史料。例如：本書卷一〈尚書都省・左右司郎中員外郎〉所載〈公式令〉由「凡都省掌舉諸司之綱紀與其百僚之程序，以正邦理，以宣邦教。……常以六月一

28 《新唐書》，卷五十六，〈刑法志〉，頁一四〇七。
29 參〔唐〕長孫無忌等撰，劉俊文點校：《唐律疏議》（北京：中華書局，一九八三）。
30 參〔日〕仁井田陞著，栗勁編譯：《唐令拾遺》（長春：長春出版社，一九八九）。

日都集司令史對覆，若有隱漏、不同，皆附於考課焉。」[31]凡數十行，或許是完整的令文，而同一條〈公式令〉亦見於《唐律疏議》卷五〈名例律・諸公事失錯〉條亦有引述，但僅得數行，應是令文的刪節。[32]再加上《唐六典》卷八〈門下省・侍中〉：「凡下之通於上，其制有六：一曰奏抄，二曰奏彈，三曰露布，四曰議，五曰表，共曰狀。皆審署申覆而施行焉。」[33]及卷九〈中書省・中書令〉：「凡王言之制有七：一曰冊書，二曰制書，三曰慰勞制書，四曰發日敕，五曰勅旨，六曰論事敕事，七曰敕牒。皆宣署申覆而施行焉。」[34]兩處談及兩者的職責時，俱有引述〈公式令〉的節文。這三件〈公式令〉是研究唐代官文書制度及其具體流程的極為重要原始史料，已為學界所公認的。

唐〈格〉基本已失傳，雖然《唐律疏議》與《唐會要》中保存了若干唐〈格〉的佚文，但俱極為簡略。[35]而《唐六典》中卻保存了相較細詳的唐〈格〉遺文。當中卷三〈尚

---

31 《唐六典》，卷一，〈尚書都省・左右司郎中、員外郎〉，頁一〇-一二。

32 《唐律疏議》，卷五，〈名例律・諸公事失錯〉條，頁一一五。

33 《唐六典》，卷八，〈門下省・侍中〉，頁二四一—二四二。又參《唐令拾遺》，〈公式令第二十一〉，頁四八〇—四八一。

34 《唐六典》，卷九，〈中書省・中書令〉，頁二七三—二七四。又參《唐令拾遺》，〈公式令第二十一〉，頁四七八—四七九。

35 可參劉俊文：〈論唐格—敦煌寫本唐格殘卷研究〉，載中國敦煌吐魯番學會編：《敦煌吐魯番學研究論文集》（上海：上海辭書出版社，一九九一）。

書戶部・金部郎中員外郎〉條載有〈金部格〉遺文：「敕以為『名雖多，料數先定，既煩案牘，因此生奸。自今已後，合為一色，都以月俸為名。其貯米亦合入祿數同申。』遂為恒式。」[36]這與《舊唐書》卷五十〈刑法志〉：「蓋編錄當時制敕，永為法則，以為故事。」[37]所述性質吻合。[38]可能是較完整的唐〈格〉，是研究唐代月俸制度的重要原始史料。

唐〈式〉亦基本失傳。二十世紀初，敦煌發現古代寫本編號P二五〇七，被確認為唐〈式〉的殘件。已故北京大學歷史系王永興教授將之題為〈唐開元水部式〉殘卷。[39]並將這殘卷與《唐六典》卷七〈尚書工部・水部郎中員外郎〉條對比，則得知後者應是〈開元水部式〉的簡略本。更須注意的是，誠如王永興教授所說：

---

36 《唐六典》，卷三，〈尚書戶部・金部中中員外郎〉，頁八十二。

37 《舊唐書》，卷五十，〈刑法志〉，頁二一三八。又《唐六典》，卷七，〈尚書刑部・刑部郎中員外郎〉原注，所載同，頁一八五。

38 可參劉俊文：《敦煌吐魯番唐代法制文書考釋》（北京：中華書局，一九八九），頁二八一－二八二。王斐弘：〈敦煌寫本《S.一三四四開元戶部格殘卷》探微〉，《法學評論》（雙月刊），期五（二〇〇六年），頁一〇三－一一〇。

39 參王永興：〈敦煌寫本唐開元水部式校釋〉，載《敦煌吐魯番文書研究論集》第三輯（北京：北京大學出版社，一九八六）。

過去有些研究敦煌文書的學者以敦煌〈水部式〉校勘《唐六典》，論述其詳。……忽略了《六典》所載〈水部式〉文而為敦煌唐〈水部式〉所缺少的，應以《六典》填補。……研究者很重視以敦煌〈水部式〉殘卷補正《六典》，而忽略了以《六典》補敦煌〈水部式〉。[40]

透過上述的解說，我們得知《唐六典》的編撰，確實是以開元現行官制為綱領，以現行令格式為材料，其沿革則入注。故其性質其組織其內容是一部現行職官志[41]，較之《舊唐書・職官志》、《新唐書・百官志》、《通典・職官典》、《唐律疏議》、《唐會要》等記述唐代官制和其他典章制度的典籍，更確據、更詳細、更完備。實為治唐前期職官制度者，所必須取材的最珍貴史料。

五、稍有缺憾

由於《唐六典》的編纂經歷了前後十六年之久，又四度更易總纂官，文稿出於眾人之

40 王永興：〈讀《唐六典》的一些體會〉，頁十九－二十。
41 嚴耕望：〈略論唐六典之性質與施行問題〉，頁四二七。

手，其中存在不少矛盾、錯誤、重復或失載之處。如卷十六〈宗正寺・崇玄署〉條注文曰：

開元二十五年敕以為「道本玄元皇帝之教，不宜屬鴻臚。自今已後，道士、女道士並宜屬宗正，以光我本根」，故署亦隨而隸焉。其僧、尼別隸尚書祠部。[42]

據同書卷十八〈鴻臚寺卿〉條原注則曰：「舊屬官有崇元署，開元二十五年，敕改隸宗正寺。」[43]所載崇玄署改隸宗正寺之事，基本相同。可是同書卷四〈禮部・祠部郎中〉則云：「凡道士、女道士、僧、尼之簿亦三年一造。原注：其籍一本送祠部，一本送鴻臚，一本留於州、縣。」[44]則究竟道士、女道士之流屬宗正寺、祠部還是鴻臚寺，可謂莫衷一是。又如：卷十四〈太常寺・諸陵署〉原注所載：「開元二十五年，諸陵、廟隸宗正寺。」[45]可是卷十六〈宗正寺〉對此卻沒有任何記載，則無法引證太常寺所述當否。又如：卷三〈尚書戶部〉所載十道的州名、山川、貢賦等內容時，不單正文與注文有若干參

42 《唐六典》，卷十六，〈宗正寺・崇玄署〉原注，頁四六七。
43 《唐六典》，卷十八，〈鴻臚寺卿〉原注，頁五〇五。
44 《唐六典》，卷四，〈尚書禮部・祠部郎中〉，頁一二六。
45 《唐六典》，卷十四，〈太常寺・諸陵署〉原注，頁四〇一。

差錯誤之處，甚至注文與注文間出現矛盾、相違的敘述。這些都能反映出《唐六典》在體例記述既不統一，又缺乏總校核實。

《唐六典》的編纂者們似乎對新舊制度過渡發展的描述也有不夠細緻之處，如貢舉本為吏部考功員外郎的主要職掌，至開元二十四年（七三六年）移至禮部侍郎掌管，此實為唐代科舉史上的一大變化。[46]可是《唐六典》的編纂者們，只在描述〈尚書吏部・考功員外郎〉時，僅附帶一言：「員外郎掌天下貢舉之職。原注：開元二十四年，敕以為權輕，專令禮部侍郎一人知貢舉。然以舊職，復敘於此。」[47]反而在開元二十四年後，專掌貢舉的禮部侍郎對此卻語焉不詳，僅籠統地描述：「禮部尚書、侍郎之職，掌天下禮儀、祠祭、燕饗、貢舉之政令。」[48]期間過渡轉變，竟無一語道及。順帶一提的是，在〈考功員外郎〉條中講到國子監組織編制時，記曰：「國子監大成二大員」[49]。然而〈尚書禮部〉卻云：「其國子監大成十員」[50]；卷二十一〈國子監〉則記：「大成十人。原注：初置二

46 詳參吳宗國：《唐代科舉制度研究》（北京：北京大學出版社，二〇一〇）。
47 《唐六典》，卷二，〈尚書吏部・考功員外郎〉，頁四十四。
48 《唐六典》，卷四，〈尚書禮部〉，頁一〇八。
49 《唐六典》，卷二，〈尚書吏部・考功員外郎〉，頁四十六。
50 《唐六典》，卷四，〈尚書禮部〉，頁一一〇。

十人，開元二十年減十人。」[51]由此可知，考功員外郎條所云「二十人」當是開元二十年（七三二年）前的舊編制，前後記述顯得含混不清。

由於唐前期所頒行的「律令格式」數目多，計〈律〉凡十二章，五百條；〈令〉凡二十七，一千五百四十六條；〈格〉凡二十四篇、〈式〉凡三十三篇[52]，內容龐雜而煩冗。因而《唐六典》對眾多〈令〉、〈格〉、〈式〉的取捨之際，難免存在一些顧此失彼的地方。相較之下，《唐六典》保留的唐〈令〉的數目較多，而〈格〉、〈式〉則明顯較少，並且難以確定。這對今天研究唐代法制文書的整體匡架內容而言，多少構成若干阻礙。加上須強為比附《周禮・六官》，而不得不把唐前期現行的〈令〉、〈格〉、〈式〉或節錄、或拆開，用來編入以官制為綱目的體例中，自然就有遺漏，甚至排斥了很多無法隸屬於某個職官、或某司的〈令〉、〈格〉、〈式〉等重要典章法制內容。比如與唐朝君主相關的某些法規，就被排除在行文之外；而對於規範國家機關，甚至皇族成員行為的「禮」，只是在《唐六典》卷四〈尚書禮部〉中簡單列出「五禮之儀」一百五十二項的名稱[53]，但並無具體記錄其內容要略。

51 《唐六典》，卷二十一，〈國子監〉，頁五六一。
52 《唐六典》，卷六，〈尚書刑部・刑部郎中員外郎〉，頁一八〇—一八五。
53 《唐六典》，卷四，〈尚書禮部・郎中員外郎〉，頁一一一—一一二。

另外，《六典》對自武德已經產生，而至則天、玄宗年間大量出現的「使職差遣」卻未有全面論及。[54]據《資治通鑑》卷一百八十六〈武德元年〉所載：

> （十月）庚辰，詔右翊衛大將軍淮安王神通為山東道安撫大使，山東諸軍并受節度，以黃門侍郎崔民幹為副。[55]

李神通與崔民幹出任山東道安撫大使及副使，開創了唐代使職制度的先河。[56]他倆出任使職的時間，較之現存最早記載唐代職官制度的官方文獻——武德七年（六二四年）官品令——還要早六年多。[57]可是，在武德令及後來的永泰二年官品令之內，卻始終無有關唐代

---

54 可參何汝泉：〈武則天時期的使職與唐代官制的變化〉，載中國唐史學會：《中國唐史學會論文集》（西安，三秦出版社，一九八九）。

55 〔宋〕司馬光撰、〔元〕胡三省注：《資治通鑑》，卷一百八十六，〈武德元年〉（北京：中華書局，一九八六），頁五八一六。

56 有關唐代使職制度的發展研究可參陳仲安：〈唐代的使職差遣制度〉，載《漢武大學學報》，期二（一九六三年）；何汝泉：〈唐代使職的產生〉，載《西北南師範大學學報・哲社版》，期一（一九八七年）；孟憲實：〈唐代前期的使職問題〉，載吳宗國主編：《盛唐政治制度研究》，第六章（上海：上海辭書出版社，二〇〇三），頁一七六—二六五等。

57 參《舊唐書》，卷四十二，〈職官志〉，頁一七八三。

使職制度的記載。剛開始時，唐代的使職是職事官以外的臨時差遣官，有時則設，事成則罷。原非國家機關正式編制官員，只是一種「職務」而已。然而，經過了唐初數十年大致安定的發展，到了武則天統治時期，自高宗晚以來的若干社會問題，日趨嚴重，社會形勢也漸轉複雜。原來講究分工規程的三省六部二十四司的整齊職官制度，表面上，似乎仍能包括所有政務。但三省「對於行政決策則周慎有餘而機敏不足，蓋龐大的國家，其立制之意向，多著重於安定，少留意於變動」[58]，致使整個以三省六部為首的政府難於應付日益複雜的新問題。復因使職是直接向君主負責，超越原有職官體系，不受原有法典——律、令、格、式的規限，靈活性較強，適合處理一些臨時或突發性事。[59]於是具臨時差遣性質，「若別制下問，謂不緣曹司，特奉制敕，遣使就問」[60]的使職便因應需要而大派用場。《唐國史補》所述：「開元以前，有事于外則命使臣；否則止，自置八節度十採訪，始有坐而為使」[61]，簡單而扼要地論述了開元以前，使職制度的情況。[62]這種職事官以外

58 孫國棟：〈唐代三省制之發展研究〉，載氏著：《唐宋史論叢》（香港，龍門書店，一九八〇），頁九十九。

59 參陳仲安、王素合著：《漢唐職官制度研究》，第一章第六節，〈唐後期使職制度的流行〉（北京，中華書局，一九九三），頁九十八－一二九。

60 《唐律疏議》，卷二十五，〈詐偽〉，頁四五九。

61 〔唐〕劉餗、李肇著：《唐國史補》，卷下（上海：上海古籍出版社，一九七九），頁五十三。

62 參拙文：〈論唐前期使職制度的發展與張奏改政事堂的關係〉（電子版），載臺北大學歷史系、臺灣國家圖

的差遣官職，雖非正式朝廷編制職位，但在行政管理方面卻發揮了極大的作用。據《舊唐書》、《新唐書》、《資治通鑑》、《唐會要》等史籍所載，開元二十五年以前，已經先後出現了朝集使、安撫使、教坊使、簡點使、勸農使、支度使、節度使、經略使、觀風俗使、黜陟使、巡察使、按察使、封禪使、巡撫使等六十多種使職。幾乎遍及整個國家政治、經濟、軍事、社會、法律、外交、風俗等方面。[63]就此《唐六典》所提及的使職，僅得朝集使、支度使、節度使、經略使等十餘種，且對各使的職責、時限、任官等細節的敘述也不一致，未見成則。[64]實不無遺憾之處。

書館合編：《「帝國之禮」國際學術研討會論文集》（臺北：遠流智慧藏學科技公司出版，二〇一一）。

63 可參何汝泉：〈武則天時期的使職與唐代官制的變化〉，載《中國唐史學會論文集》（西安，三秦出版社，一九八九）。

64 可參寧志新：〈《唐六典》性質初議〉，《中國史研究》，第一期（一九九六年）。

史籍文獻與中國古代史教學——以隋唐史為例*

一

史學研究以史料為基礎，大體而言史料可以分為文字史料與非文字史料兩大類，而史籍文獻乃文字史料的重要來源之一。傳統史家有云「信而有證者從之」[1]，我們研究中國古代史之際，往往要運用現存的史籍文獻，通過考證、比較、分析、歸納、演繹等方法，以求找出可信的記載，藉以重建歷史的種種面貌。因此我們講授中國古代史之時，自然無可避免地要讓學生接觸史籍文獻了，否則只是紙上談兵，空中閣樓。

---

* 原載鮑紹霖、周佳榮、區志堅主編：《第二屆廿一世紀華人地區歷史教育論文集》（香港：中華書局，二〇一二），頁三十三—四十一。

1 〔元〕馬端臨：《文獻通考・自序》（北京：中華書局，一九八六），卷三。

傳世隋唐時期的史籍文獻，數量雖遠遠不及宋、元、明、清的豐富、浩瀚，但亦絕非少數。[2]教授隋唐史之際，要在有限的課堂時間內既兼顧講解隋唐時期的政治、制度、社會、文化、經濟各方面發展歷史，另方面又要建立同學們對隋唐期時史籍文獻的全面認識，實在困難。再者由於歷史系的學生普遍缺乏系統性的古代漢語訓練，在基礎薄弱的前提下，同學們往往視「文言文」為畏途，更遑論去研讀某些仍未有近代學者整理——「無標點和無注釋」的史籍文獻。[3]要引起他們的學習興趣，提高他們閱讀史籍文獻的能力，則又難上加難。面對此困局，作為歷史系教師的我是「不會妥協」的。

2 有關隋唐時期歷史文獻概況，可分別參黃永年：《唐史史料學》（上海：上海書店出版社，二〇〇二）。吳楓：《隋唐歷史文獻集釋》（鄭州：中州古籍出版社，一九八七）。而整體中國古代史籍文獻概貌可分別參：黃永年：《史部要籍概述》（南京：江蘇教育出版社，二〇〇八）。陳高華、陳智超等：《中國古代史史料學》（天津：天津古籍出版社，二〇〇六）。何忠禮：《中國古代史史料學》（上海：上海古籍出版社，二〇〇四）。安作璋主編：《中國古代史史料學》（福州：福建人民出版社，一九九四）。張傳璽主編：《中國歷史文獻簡明教程》（北京：北京大學出版社，一九九〇）。楊燕起、高國抗：《中國歷史文獻學》（北京：書目文獻出版社，一九八九）。張志哲：《中國史籍概論》（南京：江蘇古籍出版社，一九八八）。

3 仍未有近代學者進行全面整理與注釋的隋唐時期歷史文獻為數亦不少。若干隋唐時期大型類書，坊間流行的工作本至今仍以影印明版或清版本為主，如〔宋〕王欽若等：《冊府元龜》（北京：中華書局，一九

二

研習隋唐史有四種最基本而又最重要的史籍文獻是不能迴避的。一、（唐）魏徵等《隋書》八十五卷，坊間最流行的工作本是北京中華書局標點校勘本（下簡稱中華標點本），凡六冊，約一百零八萬餘字。二、（後晉）劉昫《舊唐書》二百卷，中華標點本點，十六冊，約三百零九萬字。三、（宋）歐陽修、宋祁《新唐書》二百二十五卷，中華標點本，二十冊，約三百六十九萬字。四、（宋）司馬光《資治通鑑》二百九十四卷，中華標點本，二十冊，超過三百多萬字。若教師們硬是要求學生於短短的修習學期內，或至整個大學階段把這四種篇幅沉重的史籍掌握過來，實在強人所難，有點痴心妄想的感覺。結果往往弄巧成拙，窒礙了學生們研習中國古代史的興趣。為加強學生對這四部史籍的基本認識和願意主動接觸史籍文獻，我嘗試採取以下途徑引導學生。

六一）。學者周勛初等曾作基本整理校訂，周勛初等校訂：《冊府元龜》（南京：鳳凰出版社，二〇〇六）。〔宋〕李昉等編：《太平御覽》（北京：中華書局，一九六三）。〔元〕馬端臨：《文獻通考》（杭州：浙江古籍出版社，一九八八影印版）。〔宋〕李昉等編：《文苑英華》（北京：北京圖書館，一九九七）。〔清〕董誥等編：《全唐文》（北京：中華書局，一九八三）。

首先要求他們閱讀有關上述四部史籍的研究專著和學者的譯注，如：岑仲勉《隋書求是》[4]、《通鑑隋唐紀比事質疑》[5]；仲偉烈《隋書帝紀箋注稿》[6]；向南燕、李峰主編《新舊唐書與新舊五代史研究》[7]；黃永年《舊唐書與新唐書》[8]、《舊唐書選譯》[9]、《新唐書選譯》[10]；呂思勉《新唐書選注》[11]；崔萬秋《通鑑研究》[12]；張須（煦侯）《通鑑學》[13]；陳光崇《通鑑新論》[14]；劉後濱主編《資治通鑑二十講》等。[15]上舉各書內容各有勝長，包括介紹四部史籍的編撰背景、成書經過、流傳情況、版本得失、內容特

4 岑仲勉：《隋書求是》（北京：商務印書館，一九五八）。
5 岑仲勉著，陳智超整理：《通鑑隋唐紀比事質疑》（北京：中華書局，一九六四）。
6 仲偉烈注：《隋書帝紀箋注稿》（臺北：新文豐出版股份有限公司，二〇〇四）。
7 瞿林東主編，向南燕、李峰分卷主編：《新舊唐書與新舊五代史研究》（北京：中國大百科全書出版社，二〇〇九）。
8 黃永年：《舊唐書與新唐書》（北京：人民出版社，一九八五）。
9 〔後晉〕劉昫，黃永年選譯：《舊唐書選譯》（成都：巴蜀書店，一九八八）。
10 〔宋〕歐陽修、宋祁，雷巧玲、李成甲選譯，黃永年審閱：《新唐書選注》（成都：巴蜀書店，一九八八）。
11 〔宋〕歐陽修、宋祁，呂思勉選注：《新唐書選注》（臺北：臺灣商務印書館，一九七〇）。
12 崔萬秋：《通鑑研究》（臺北：臺灣商務印書館，一九七〇）。
13 張煦侯：《通鑑學》（合肥：安徽人民出版社，一九八一）。
14 陳光崇：《通鑑新論》（瀋陽：遼寧教育出版社，一九九九）。
15 劉後演、李曉菊主編：《資治通鑑二十講》（北京：中國人民大學出版社，二〇一〇）。

色、主題思想、史料價值、專題探討以至現代語譯等。讓學生們對此有基本的認識，並為下一階段的訓練作出預備。

三

其次在課堂講授過程中，遇到個別歷史問題時，我會從這四部史籍中抽取一、兩相關章節讓學生們在堂上直接閱讀，然後向他們作出解說。如講述「隋朝滅亡」時，由於《隋書・高祖紀下・史臣曰》[16]和《隋書・煬帝紀下・史臣曰》[17]兩段文字，俱出自貞觀名臣魏徵手筆，最能代表唐初君臣如何評論隋文帝、煬帝父子兩人與隋朝滅亡的關係所在。同學們細閱後往往能從史料中了解唐人的是如何看待這歷史問題的。又如敘述到「玄武門之變」時，由於《資治通鑑》記載變事具體過程較兩唐書〈隱太子建成傳〉來得生動細緻[18]，同學們讀後多少能掌握當時的歷史形勢，而我又能教導他們了解司馬光等

16 〔唐〕魏徵撰：《隋書》，卷二，〈文帝紀下〉（北京：中華書局，一九七三），頁五十五。

17 《隋書》，卷四，〈煬帝紀下〉，頁九十五—九十六。

18 可分別參看〔宋〕司馬光編：《資治通鑑》，卷一百九十一，〈武德九年六月〉（北京：中華書局，一九八六），頁六〇一〇—六〇一三。〔後晉〕劉昫等撰：《舊唐書》，卷六十四，〈隱太子建成傳〉（北京：中華書局，一九七五），頁二四一八—二四一九。〔宋〕歐陽修、宋祁、范鎮、呂夏卿等撰：《新唐

史家是如何剪裁和取捨史料，及怎樣有條不紊而精確地去描述歷史事件的發生過程。在論及永徽六年唐高宗廢王立武時（即立武則天為皇后），則分別引《舊唐書・則天皇后紀》、《新唐書・則天皇后列傳》及《資治通鑑》的相關描述以為比較，從而指出《舊唐書》的記述較為中性，僅簡單交代廢立過程而矣[19]，而在歐陽修筆下的武則天，是個「權數、詭變」[20]，甚至不惜親手扼殺自己的初生女兒藉以誣陷政治對手的狠毒女性。至於《資治通鑑》所載幾與《新唐書》同出一轍。[21]然後向學生解釋這是因為成書於北宋初年的《新唐書》與《資治通鑑》，欲以史為鑑，強調女主干政的禍患，以圖規勸在宋仁宗親政前曾臨朝稱制的劉太后，莫重蹈武則天的覆轍。所以兩書刻意突出武則天的負面形象，其「以古鑑今」的用意甚為明顯。在探討安史之亂核心人物安祿山的出身時，特別引述《資治通鑑》的記載，而捨兩唐書本傳所述。原因是司馬光在描述安祿山由奏斬的死囚身份，竟獲赦得免，最後更得到玄宗破格擢升為守邊將領的歷史時，在《考異》中前後引見了九種不同史料以論證其事。該九種史料分別是一、《玄宗實錄》（今佚）、二、《肅宗

19 參《舊唐書》，卷六，〈則天皇后紀〉，頁一一五。

20 參《新唐書》，卷七十六，〈后妃・則天列傳〉，頁三四七四—三四七五。

21 參《資治通鑑》，卷一百九十九，〈永徽五年十月〉，頁六二八六—六二九三。

書》，卷七十九，〈列傳四・高祖諸子〉（北京：中華書局，一九七五），頁三五四四。

實錄》（今佚）、三、姚汝能《安祿山事迹》（今本《安祿山事迹》與《通鑑考異》所引略有出入）、四、孫樵《西齋錄》（今佚）、五、《舊唐書‧張九齡傳》、六、《新唐書‧張九齡傳》、七、《舊唐書‧安祿山傳》、八、《新唐書‧安祿山傳》、九、《張九齡集》。[22]用以教導同學如何從眾多不同記載中，進行考異、論證的方法。在講述唐代宗與宦官李輔國、魚朝恩鬥爭時，指出《新唐書‧李輔國傳》直言「帝（代宗）……遣俠者夜刺殺之」[23]，而《舊唐書‧李輔國傳》則作「盜入輔國第，殺輔國，攜首臂而去。」[24]《新唐書‧魚朝恩傳》記「帝（代宗）責其圖異，朝恩自辨悖慠，（周）皓與左右禽縊之」[25]，《舊唐書‧魚朝恩傳》卻含混其詞為「（朝恩）言頗悖慢，上亦以舊恩不之責。是日朝恩還第，雉經而卒。」。[26]從而向同學解釋，兩書的記載出入如此，源於《舊唐書》直接取材於唐朝官修的國史、實錄，因礙於當時的政治環境，史官每有隱諱，沒法直書其事。反觀《新唐書》一則取材較廣泛，二來成書於北宋年間，沒有再為唐朝天子隱諱的必要，故能補舊書之失。最後，以著名史家陳寅恪先生在〈順宗實錄與續玄怪錄〉的一

---

22 詳參《資治通鑑》，卷二百一十四，〈開元二十四年三月‧考異〉，頁六八一四—六八一六。

23 《新唐書》，卷二百八，〈宦者下‧李輔國傳〉，頁五八八二。

24 《舊唐書》，卷一百八十四，〈宦官‧李輔國傳〉，頁四七六一。

25 《新唐書》，卷二百七，〈宦者上‧魚朝恩傳〉，頁五八六六。

26 《舊唐書》，卷一百八十四，〈宦官‧魚朝恩傳〉，頁四七六五。

段文字來總結這階段的學習意義，其云「通論吾國史料，大抵私家纂述易流於誣妄，而官修之書，其病又在多所諱飾。考史事之本末者，苟能於官書及私著等量齊觀，詳辨而慎取之，則庶幾得其真相，而無誣諱之失矣。」[27]寅恪先生於半個多世紀前提出對「官書及私著等量齊觀」的主張，即是提醒治史者要注意史籍文獻的價值，對異源史料先行詳細辨釋，然後慎加取用，仍然是今天處理隋唐史，甚至整體中國古代史的相關史籍文獻的不二法門。

經過多番的堂課訓練後，同學累積了若干接觸史籍的經驗，多少掌握了史籍的某些特點後，是時候讓放手他們親自去處理和解讀文獻。否則同學們仍然是原地踏步，難有突破。

四

有謂研究中國古代史須配備有四條入門鎖匙，分別是：人名、地名、官名、年號。這句話背後多少反映出傳統史籍文獻較為重視對這些方面的記載。而近代西方新史學則

[27] 陳寅恪，〈順宗實錄與續玄怪錄〉，載氏著：《金明館叢稿二編》（上海：上海古籍出版社，一九八〇），頁七十四。

強調從史料中的幾個「W」，何人（WHO）、何時（WHEN）、何地（WHERE）、如何（HOW）、怎樣（WHAT）及為什麼（WHY）入手探究歷史，兩者既異亦同。既然研究中國古代史是離不開史籍文獻，我就把同學的課堂導修和學期作業設計為「兩唐書列傳考異」，讓他們接觸史籍。我要求同學先尋找出《新唐書》與《舊唐書》某一相同人物列傳（同學可自行挑選）在「人物、地點、時間、制度、事件」等環節上的記載差異，然後參以《資治通鑑》及同學們能掌握的其他史籍文獻的相關記載，進行考釋，指出那處記載較為可信，並解釋取信的理據所在。情況就如司馬光的《通鑑考異》一樣。現扼要節取某同學的學期作業中一處考異，以茲說明。

《舊唐書》卷五十三〈李密傳〉：

> 大業十三年春，密與（翟）讓領精兵千人出陽城北，踰方山，自羅口襲興洛倉，破之。……讓於是推密為主，號為魏公。二月，於鞏南設壇場，即位，……長白山賊孟讓率所部歸密，鞏縣長柴孝和、侍御史鄭頤以鞏縣降密。[28]

---

28 《舊唐書》，卷五十三，〈李密傳〉，頁二二一一。

《新唐書》卷八十四〈李密傳〉：

（大業）十三年，（翟）讓分兵與密，……二月，密以千人出陽城北，踰方山，自羅口拔興洛倉，據之，獲鞏縣長柴孝和。……讓等乃推密為主，建號魏公。鞏南設壇場，即位。[29]

同學指出，兩段記載主要不同之處有三，並進行考異：

（一）舊書載「李密與翟讓一同領兵破興洛倉」；新書載「李密一人領兵破興洛倉」。同學據《資治通鑑》卷一百八十三〈隋恭帝義寧元年〉所記為「李密與翟讓將精兵破興洛倉」[30]、《隋書》卷四〈煬帝紀下〉亦云「李密與翟讓等破興洛倉」[31]。及《隋書》卷七十〈李密傳〉載「李密與翟讓領精兵破興洛倉」等[32]，

29 《新唐書》，卷八十四，〈李密傳〉，頁三六八〇。
30 參《資治通鑑》，卷一百八十三，〈隋恭帝義寧元年〉，頁五七二〇。
31 參《隋書》，卷四，〈煬帝紀下〉，頁九二。
32 參《隋書》，卷七十，〈李密傳〉，頁一六二八。

俱與《舊唐書》同。基於《隋書》、《舊唐書》、《資治通鑑》屬不同源的記載，故以《舊唐書》所載較可信。

（二）舊書載「十三年春（可理解為正月）破興洛倉」；新書載「十三年二月破興洛倉」。同學據《隋書・煬帝紀下》、《資治通鑑》〈隋恭帝義寧元年〉都以李密於大業十三年二月破興洛倉，與《新唐書》所載同。此處則以《新唐書》較可取。

（三）舊書載「鞏縣長柴孝和自動歸降」；新書載「擒獲鞏縣長柴孝和」。同學指出《隋書・李密傳》載「密攻下鞏縣，獲縣長柴孝和，拜為護軍。」[33]所記與《新唐書》相同。何況，《舊唐書》先言李密於鞏南設壇場，後言柴孝和以鞏縣降，於理不通。所以，他認為《新唐書》的記載較可信。

我希望讓同學親自去發掘問題，再因應問題去查考相關史籍文獻進行考釋，找出答案。最終能消除他們畏懼「文言文」的心理障礙，建立解讀史籍的自信，誘發年青學子研究隋唐史，以至中國古代史的興趣。

[33] 參《隋書》，卷七十，〈李密傳〉，頁一六二八。

五

前輩史學大師如：呂思勉、陳寅恪、岑仲勉、嚴耕望、鄧廣銘、周一良等，課堂講授之時俱十分重視史籍文獻的掌握與解讀。可惜今天的歷史教育與昔日大師所重者，相去遠矣。現時史學教育，較著意於引導學生如何去思考，分析歷史問題，講授史籍文獻的課堂時間實在不多，而在厚今薄古的香港歷史學界，情況尤甚。如何引導學生願意接觸史籍，進而懂得利用現存史籍文獻去學習、探究不同的歷史課題，實在是關心中國古代史教育者需要共同面對的問題。

平情而論，傳統史籍文獻數量多，翻查閱讀史籍確實費時，還有因各種史籍來源、筆法、體裁、敘事記錄等皆存在差異。因此研究中國古代史，就如嚴耕望先生所說，非要有恆心、耐性，反覆做笨功夫和願意坐冷板凳者，不易有所得。[34]然而今天的大學歷史系學生，相對於幾十年前的學生，接觸史籍文獻的機會明顯大為下降，這又反過來又間接導致他們閱讀史籍文獻的能力未能提高。結果造成惡性循環，學生更視史籍文獻為畏途。如何

[34] 參嚴耕望：《治史經驗談》，〈捌・努力途徑與工作原則〉（臺北：臺灣商務印書館，一九八一），頁一三二－一四〇。

消除他們對史籍文獻的畏懼，進而提高同學們研讀史籍文獻的興趣，實有賴教育界同仁的共同努力。

踏入二十一世紀以來，訊息科技不斷進步，近年中、港、台三地若干學術科研機構，以至學術網站，把大量我國古代的文獻典籍製作成電子書，又建立起各種資料庫，供免費下載，或免費檢索。同學們只要按動電腦鍵盤，不過數秒間，便能獲得所需材料，大大節省了他們為尋找和翻閱史籍文獻的時間，從而騰出更多精神和心思於學習考辨和分析解讀史料之上，再輔之以老師的引導和「**曉諭**」[35]。假以時日，或許會改變學生因困惑於史籍文獻，而猶豫於研讀中國古代史的情況。

[35] 參陳澔注：《禮記》，卷十八，〈學記〉（上海：上海古籍出版社，一九八七），頁一九八—二〇三。

淺談唐人的綠色環保意識*

公元六五四年閏五月三日晚上八時過後，一名中年皇宮衛士，爬上了皇帝寢殿的門桄上，大聲呼喊。他並不是發現了刺客，而是警告洪水將快淹至。說時遲，那時快，洪水瞬眼間已經湧入宮殿，皇帝幸好得到警告，逃到一個較高地方，得免於難。不過這次水災死亡的居民及當番衛士，仍然有三千餘人。皇帝對這位日後成為將軍的衛士留下深刻印象，除了將御馬一匹為賞外，日後還赦了犯軍法的該將軍一命。死裡逃生的皇帝是唐高宗，救他一命的，則是日後成為民間小說中的英雄人物薛仁貴。

這件事情驟看似是天災，但部份也可能是人禍。事情並不是發生在長安城中，而是在位於首都鳳翔府東北約一百五十里，原名九成宮的萬年宮。這個宮殿為皇帝避暑用，最初在隋文帝時期由楊素監督建造，傳說由於苦役過甚，不少工人死亡，至晚上往往在宮附近

* 本文原發表於《中國唐史學會第十屆年會暨唐代國家與地域社會國際學術研討會》，上海：上海師範大學，二〇〇七年十一月。

不但烽火瀰漫，而且傳出哭聲，直至隋文帝以酒奠祭後才告消失。後來唐太宗又告重修。正可能是因為修築宮殿關係，水土大量流失，唐高宗遇險時似乎只下了一日雨，便弄成水災，可見附近採伐過度，環境遭受嚴重破壞。從這個角度來看，古代官員在水災時常主張去奢從儉，減工役之費，雖然往往給人的印象，是循例以儒家治政思想作個公式化的政治表演，實際上卻不無起到減少人為災患的作用。

如果說所謂建設對環境有不良影響，古今皆然，則奢侈浪費的行為造成的生態破壞，同樣可以見於史籍。隋唐時期有不少統治階級為了本身享受，往往不惜一切，以求與眾不同。隋煬帝的奢侈，早已聞名。史載他為了修飾本身巡幸的車馬，向天下州縣徵取各種奇珍異物，特別是「骨角齒牙，皮革毛羽」一類，說當時「水陸禽獸殆盡」，或許誇張，不過說當時一些珍禽異獸，例如翟雉和白鷺鮮的價格暴漲，大概並非過言，唐高祖在立國不足一年便下了一道罷貢異物詔，與此也不無關係。但不足一個世紀之後，類似的情形又再度出現。唐高宗的孫女安樂公主利用各種不同鳥類的羽毛，織成兩條毛裙「正看為一色，旁看為一色，日中為一色，影中為一色；百鳥之狀，並見裙中。」大概這條別創一格的裙子風靡一時，她又利用獸毛，按照動物本身形狀做馬鞍蓋子，而她母親韋后亦不甘後人，但用的是鳥毛，韋后的妹妹則做了豹頭枕、伏熊枕等為迷信之用，從名字看來大概也是用動物為材料。總之，韋后母女家人成為使用動物製品潮流的領導人物，倒楣的卻是中國南方的雀獸：「江嶺奇禽，異獸毛羽，採之殆盡。」這也是後來玄宗朝初，以姚崇、宋璟等人為首的朝廷，極力推崇儉樸的原因之一，史載自此之後，「採捕漸息」，他們的主張，可說間接保護了奇珍異獸免於絕種。但未知是否這個原因，九世紀初的元和九年（八一四年）時，出現了官員捕養狐兔去提供貢物的情形，不過最後亦被朝廷命令禁止。[1]

姚崇、宋璟等開元名臣，如果有今日的所謂環保意識的話，主要原因，相信是他們開始注意到京師地區由於過去開發過盛，木材開始短缺。秦始皇建造阿房宮的時候，曾經從楚、蜀大量採伐木材，東漢的豪族，也用江南的楠木作棺材。隋文帝之後，皇室宮殿多建於洛陽，而隋煬帝建東都和武則天修明堂的木材，都是來自江南，相信不單是因為特殊需要，更是因為關中缺木。事實上，相對中原未開發的閩西寧化在隋末唐初，已經有人「開山伐木，泛筏于吳，居奇獲贏」[2]，相信與隋煬帝時代的大事建設有關，影響全國。唐代前期兩京繁榮，建設更多，需材更甚，情形自然沒有改善。例如唐朝後期德宗需要大松修神龍寺時，有人告知他京畿地區的同州山谷發現數千株八十尺大樹，他卻不予置信，因為

1 〔宋〕王欽若等編：《冊府元龜》，卷一百六十，〈帝王部・革弊二〉（北京：中華書局，一九六〇），頁一九二九。

2 〔清〕李世熊：《寧化縣志》，卷一，〈土地部・建邑志〉（臺北：成文出版社，一九六七），頁一六。

在他的認識中，開元、天寶期間在京師一帶已找不到「美材」。[3]他的理解，縱然或因在皇室長大的限制而可能與事實有所偏差，但說這是當時不少人的印象，卻應該不錯。長安的富人王元寶雖曾以（終）南山的樹的數目來誇耀他的家財，[4]但唐代京師大樹木，無疑愈來愈少，唐敬宗後來在京師造龍舟類的競渡船，要從南方輸入原木。[5]洛陽也似乎有類似情形，朱全忠為了逼唐昭宗遷都洛陽，便把長安宮殿和政府官舍以至民居的木料拆掉，運往洛陽，便可能是因為木材不足之故。

雖然一般樹木不一定可用於建造，但仍然有其他用途。長安城內街上和禁苑中的不少樹木，便在唐朝初年被唐高祖李淵下令斬掉，以換取布帛，作為政府的支出。[6]當然，不是每個皇帝都亂伐樹木。隋文帝時遷都時，不同意去掉舊村門的一棵大槐樹，據說是因為他父親曾在樹下休息，[7]不管他是否意識到當時樹木開始稀少，這棵老樹得以保存至唐朝，為人所知，成為佳話，可見唐代京師內外雖然有大量槐樹——白居易給張籍的詩中，就曾有「迢迢青槐樹，相去八九坊」之句，但老樹或許不多。唐朝官員中最有名的堅持綠

3 〔宋〕李昉等編：《太平廣記》，卷二百三十九，〈裴延齡〉（北京：中華書局，一九八六），頁一八四四。
4 〔唐〕李亢：《獨異志》，卷中（上海：商務印書館，一九三七），頁三十一。
5 《冊府元龜》，卷五百四十七，〈諍諫部・直諫一四〉，頁六五六三。
6 《冊府元龜》，卷四百八十四，〈計邦部・經費〉，頁五七八五。
7 〔後晉〕劉昫等撰：《舊唐書》，卷三十七，〈五行志〉（北京：中華書局，一九七五），頁一三七五。

化官員，大概是德宗時的渭南縣尉張造。由於「取材不易」，當時政府有意斫取由長安通往洛陽這修官道上的槐樹來造車。張造接到命令後，並不同意，他回了一封文書，指出這些「東西列植、南北成行」的樹木曾經造福不少人，他把高祖和玄宗與這些樹的關係搬出來作為保存它們的理由，但他的主要論點，其實在於「拔本塞源，雖有一時之利；深根固蒂，須存百代之規」。這些樹因此得以保存下來，張造後來亦調任京官。[8]

張造的事蹟有一點值得注意的，是朝廷在主張把槐樹斫取的同時，未忘「更栽小樹」，從中可見，植樹在多數官員心中，還是理所當然的。事實上，隋唐中央政府中尚書省下工部中有虞部，其中的一門工作，便是專負責掌京城街巷種植，不過大概他們官位不高，人數有限，權威不足，因此出現了其他官員過問其事務的情形。開元末年，兩京道路並種果樹的命令，便由專使負責。到了和張造任渭南縣尉差不多同時的貞元年間，又有京兆尹不同意有關官員以榆樹去補足官街樹缺的意見，而主張種槐樹的例子。[9]

毋庸諱言，重視植樹並非始於唐朝，不過唐朝的確可以找到十分多的例子，去說明當時人如何重視植樹。柳宗元所寫的《種樹郭橐駝傳》為人熟知，這雖然是借題發揮其政治

---

8 〔唐〕李肇：《唐國史補》，卷上，載氏著：《唐國史補 因話錄》（上海：上海古籍出版社，一九七九），頁三十一—三十一。

9 〔宋〕王溥撰：《唐會要》，卷八十六，〈街巷〉（北京：中華書局，一九五五），頁一五七六。

見解的文章，但文中的主角，一位精於植樹技術的駝背老人，相信不是無中生有而實有所本，透過他的生活可以看到當時京師植樹的發展。柳宗元能夠找到這一題材去發揮他的時事觀，應該與他本身亦酷好花木果樹有密切關係。他被貶永州後，在茅檐下栽竹，在屋前植靈壽木，一一以詩紀事，雅興不淺。他到了柳州任刺史後，栽柑城隅，規模更大：「手種黃柑二百株」[10]。

除了柳宗元以外，唐朝其餘為人熟悉的愛樹官員，尚有在長安時「十載事樵牧」[11]、在洛陽時「栽松滿後院，種柳蔭前墀」[12]的白居易有傳說他在杭州時，凡犯法者必得先在西湖邊栽三樹，始行判刑。若真有其事，或許可以視為現代以社會服務作為一種刑罰的先驅。李賀有《莫種樹》的詩，句謂：「園中莫種樹，種樹四時愁」[13]，詩人因見到樹的四時榮枯而希望不必種樹，只反證了當時植樹的普篇。宋朝初年把勸課栽植作為官吏考績的內容之一[14]，或許正是受到唐朝這種愛護自然傳統的影響。但唐朝植樹的不只是官吏，也

---

10 〔唐〕柳宗元：〈柳州城西北隅種柑樹〉，載〔清〕彭定求等：《全唐詩》，卷三百五十二，〈柳宗元三〉（北京：中華書局，一九六〇），頁三九三九。

11 〔唐〕白居易：〈孟夏思渭村舊居寄舍弟〉，載《全唐詩》，卷四百三十三，〈白居易十〉，頁四七九三。

12 〔唐〕白居易：〈春葺新居〉，載《全唐詩》，卷四百三十一，〈白居易八〉，頁四七六六。

13 〔唐〕李賀：〈莫種樹〉，載《全唐詩》，卷三百九十二，〈李賀三〉，頁四四一四。

14 佚名：《宋大詔令集》，卷一百八十三，〈均開封府界稅詔〉（北京：中華書局，一九六二），頁六六二。

包括百姓。《酉陽雜俎續集》卷二便記載了驛西的百姓王申，手植榆於路傍成林，夏天還供應茶水給路人。

王申很可能是位佛教徒，正如日本學者道端良秀指出，種樹和果園是《佛說諸德福田經》所推崇的事業，是佛教的一種社會救濟事業。一個有代表性的例子是明遠，他為了防治淮與泗水的氾濫，與地方官共謀免於水害對策，洽議數植松、杉、楠、檜等數萬株，以為防治。宗教信徒植樹造福世人外，自不忘美化寺院。隋唐宗教名勝中樹林勝景特多，也是當時一大特色。唐詩中描述寺院幽靜的句子不少，王維的「古木無人徑，深山何處鐘」[15]，便是膾炙人口的名句。應該承認，寺院地點因為經過特別挑選，通常都環境秀麗，得到先天之利，例如唐高宗為母親追福而建的大慈恩寺，雖然在長安市內，亦「挾帶林泉，務盡形勝。」[16]但佛家思想中的愛生道理，相信也成為這些寺院長期能夠保存清幽，成為後世名勝的原因。慈恩寺環境雖然已經不錯，但該寺的法力上人，曾在寺中手植白牡丹、柿樹。更有趣的是殿庭的大莎羅樹，是「安西所進」[17]，不管所進的是和尚又或

15 〔唐〕王維：〈過香積寺〉，載《全唐詩》，卷一百二十六，〈王維二〉，頁一二七四。

16 〔唐〕慧立，彥悰著，孫毓棠，謝方點校：《大慈恩寺三藏法師傳》，卷七，〈起二十二年夏六月皇太子製《述聖記》終永徽五年春二月法師答書〉（北京：中華書局，一九八三），頁一四九。

17 〔唐〕段成式撰：《酉陽雜俎》，續集卷六，〈寺塔記下〉（北京，中華書局，一九八五），頁二二七。

外國的官方代表，外國人士顯然了解到唐代佛教寺院有植樹傳統，始會帶來這種禮物。與域外佛教關係密切的玄奘，據說往西域取經前曾在一寺院中手摩松枝，該松在他西去時西長，而回國時則東長，後來松樹西長多年後東指，果然是玄奘回國之時，松樹亦得名摩頂松。[18]另外，當時的南素和尚院，庭有青桐四株，是「素之手植」[19]。這些故事，多少反映了寺院中部份樹木由僧人栽種的實際情況。寺院給人古柏森森的印象，應該不全是偶然，亦是佛道信者有意栽種的成果。

唐人不單愛植樹，也愛種花。早有學者指出唐人特別喜愛牡丹。在寺院、公署和達官貴人的宅第都可見，主要原因是牡丹代表富貴。在人人喜歡牡丹的情形下，出現移植、買賣及品種改良的現象。[20]種花在有錢人家的居宅最盛，如《酉陽雜俎續集》卷二記東都尊賢坊田令宅，中門內有紫牡丹成樹，發花千朵，但唐人喜愛的花不只牡丹，上引書卷九又記衛公平泉莊有黃辛、紫丁香、尚有同心蒂大芙蓉。而喜愛花的人也不只達官貴人。東都敦化坊一位百姓家中有木蘭樹，色深紅，後來賣給一個觀察使看宅人，相信也是百姓。[21]

---

18 《獨異志》，卷上，頁一一—一二。

19 《酉陽雜俎》，續集卷五，〈寺塔記上〉，頁二一三。

20 參李樹桐：《唐人喜愛牡丹考》，載黃約瑟編：《港台學者隋唐史論文精選》（西安：三秦出版社，一九九〇），頁一二四—一七九。

21 李樹桐：《唐人喜愛牡丹考》，頁一二四—一七九。

唐朝兩都的樹木或許較過去少，但花卉數目則不但不減，還應有增，在種類上更是如此。杜甫〈陪鄭廣文游何將軍山林十首〉之三便以從月支到來的王子比喻從中亞來的異種花。

雖然史籍中可以見到唐朝不乏愛樹惜花的記載，但總的來說，對自然生態的破壞，看來還是多於保護。大概由於洛陽賞花的狂熱，對稀有品種的需求劇增，以致當地的賣花者也發現，「嵩山深處有碧花玫瑰，而今亡矣。」[22]佛教可能有重視自然的思想，但佛教本身的寺廟和其他建築，卻是需要大量木材來建成的。

隋唐之際，和今日一樣，有不少人並不愛惜自然，因為各種原因，大量浪費，引致自然環境多加破壞。但與此同時，亦有人持反對意見，主張節儉，而植樹種花，更是當時不少人的喜好。他們的動機與今日愛好自然者或許不完全一樣，他們亦不一定有今日環保運動者的危機意識，但他們間中見到合理的利用資源和保護自然的思想，與現代人的主張，卻不乏相通之處。他們的經驗，不管是正面或負面的，儘管事隔久遠，相信未全去失去參考價值。

22 《酉陽雜俎》，續集卷九，〈支植上〉，頁二四八。

後記

本集子收錄文章的撰寫時間，前後跨越了兩個世紀。記得上世紀九〇年代初，我開始了在大專的教學工作，當時基於客觀環境的限制教學任務相當繁重，可以說把個人所有精力都貢獻在教學之上，從事研究的空間，是相對地缺少。隨著時間的推移，踏入九〇年代中後期，教學工作亦相對穩定下來，容許自己重新撰文論史，當時的心境真的有點火鳳凰再生的感覺。而個人研究興趣除繼續於老本行——隋唐三省制的探究外，亦開始嘗試涉獵到政治制度史以外的其他範疇，包括歷史人物、文獻典籍、隋唐史教學等，故而拉雜成篇，結聚了今天的這個集子來。

在這裡我得感謝數位帶領我進入隋唐史研究領域去的老師們，他們分別是：劉健明老師（前香港中大文學歷史系教授）、吳宗國老師（北京大學歷史系教授）、已故黃約瑟老師（香港大學亞洲研究中心研究員）、廖日榮老師（前香港大學中文學院教授），沒有他們的引領與指導，我肯定不會有幸進入歷史研究的範疇，更不能以歷史教學與研究為終身事業。如今數位老師身處各方，劉師已移居北美，吳師在北京享受退休生活，廖師退休後亦返回澳洲。只剩下學生一人仍堅守著這工作，不忘師長的教訓，盼能薪火相傳，把中國古代史、隋唐史的教研工作，在香港這片幾已不能再容納中國古代史的地方，得延續一點微弱的薪火。

在出版環節上，得感謝區志堅博士的穿針引線，為我聯絡，秀威的鄭伊庭小姐越洋為我安排，在文字校對、史料覆核方面，得感謝郭泳希先生、林曉筠小姐、甄智暐先生的付出。我仍得感謝香港樹仁大學研究及職員發展委員的支持，讓出版變得更順利。最後，必須感謝內子潔英和兒子明灝，多年來為我帶來了生活上的喜悅與歡愉，讓我在相對單調的教研工作中，添上不少色彩。

羅永生

2013年11月29日

於香港寶馬山　樹仁大學歷史系

要歷史02　PC0352

要有光
FIAT LUX

隋唐政權與政制史論

作　　者	羅永生
主　　編	蔡登山
責任編輯	鄭伊庭
圖文排版	楊家齊
封面設計	陳怡捷

出版策劃	要有光
製作發行	秀威資訊科技股份有限公司 114 台北市內湖區瑞光路76巷65號1樓 電話：+886-2-2796-3638　傳真：+886-2-2796-1377 服務信箱：service@showwe.com.tw http://www.showwe.com.tw
郵政劃撥	19563868　戶名：秀威資訊科技股份有限公司
展售門市	國家書店【松江門市】 104 台北市中山區松江路209號1樓 電話：+886-2-2518-0207　傳真：+886-2-2518-0778
網路訂購	秀威網路書店：http://www.bodbooks.com.tw 國家網路書店：http://www.govbooks.com.tw
法律顧問	毛國樑　律師
總 經 銷	易可數位行銷股份有限公司 地址：231新北市新店區寶橋路235巷6弄3號5樓 電話：+886-2-8911-0825　傳真：+886-2-8911-0801 e-mail：book-info@ecorebooks.com 易可部落格：http://ecorebooks.pixnet.net/blog

出版日期	2014年2月　BOD一版
定　　價	350元

Printed in Taiwan

國家圖書館出版品預行編目

隋唐政權與政制史論 / 羅永生著. -- 一版. -- 臺北市 : 要有光, 2014.2
面； 公分. -- (史地傳記類 ; PC0352)(要歷史 ; 2)
BOD版
ISBN 978-986-99057-2-5(平裝)

1.中國政治制度 2. 隋唐

573.137 102021793

讀者回函卡

感謝您購買本書，為提升服務品質，請填妥以下資料，將讀者回函卡直接寄回或傳真本公司，收到您的寶貴意見後，我們會收藏記錄及檢討，謝謝！如您需要了解本公司最新出版書目、購書優惠或企劃活動，歡迎您上網查詢或下載相關資料：http:// www.showwe.com.tw

您購買的書名：______________________________

出生日期：________年________月________日

學歷：□高中（含）以下　□大專　□研究所（含）以上

職業：□製造業　□金融業　□資訊業　□軍警　□傳播業　□自由業

□服務業　□公務員　□教職　□學生　□家管　□其它_____

購書地點：□網路書店　□實體書店　□書展　□郵購　□贈閱　□其他

您從何得知本書的消息？

□網路書店　□實體書店　□網路搜尋　□電子報　□書訊　□雜誌

□傳播媒體　□親友推薦　□網站推薦　□部落格　□其他__________

您對本書的評價：（請填代號　1.非常滿意　2.滿意　3.尚可　4.再改進）

封面設計____　版面編排____　內容____　文／譯筆____　價格____

讀完書後您覺得：

□很有收穫　□有收穫　□收穫不多　□沒收穫

對我們的建議：______________________________

____

____

____

請貼
郵票

11466
台北市內湖區瑞光路 76 巷 65 號 1 樓
秀威資訊科技股份有限公司 收
BOD 數位出版事業部

....

（請沿線對折寄回，謝謝！）

姓　名：____________　年齡：________　性別：□女　□男

郵遞區號：□□□□□

地　址：____________________________

聯絡電話：(日) ____________ (夜) ____________

E-mail：____________________________